JN409117

七泉발간 52 주년기념 작품복원 특집

박우영 · 설종호 · 박순식 共著

다솜출판사

七泉발간 52 주년기념 작품복원 특집

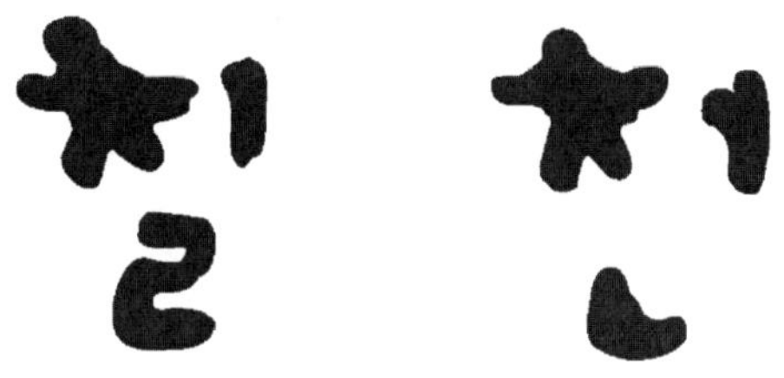

칠천

박우영 · 설종호 · 박순식 共著

다솜출판사

『七泉』復元集을 발간 하며

『七泉』의 모음집이 최초로 발간 한지 벌써 52년이 넘었습니다. 그동안 유명을 달리한 회원이 있었고 멀리 헤어진 회원도 있었습니다. 그야말로 파란만장한 세월이 흘러갔습니다. 그 옛날의 작품집을 바라보니 종이마저 변색되고 글씨도 마모, 퇴색되어 이대로 묻혀 버리기엔 너무나 억울한 생각이 들어 복원을 하여 국립중앙박물관, 국회도서관에 납본하여 영원히 보관코자 수정판으로 『七泉』을 복원, 발간하게 되어 감개무량합니다.

10년이면 강산이 변한다는데 반백년이면 벌써 강산이 5번이나 넘게 변했습니다.
이젠 까까머리 청년에서 하얀 머리 휘날리는 노인이 되었습니다.
남은 삶이 얼마나 더 남았습니까?
지나온 삶보다 남은 삶은 훨씬 짧습니다.
그래서 지난 추억을 기억하고, 그 기억을 그려서

아름답게 간직하기 위하여 『七泉』復元集을 발간하게 된것입니다.
아무튼 이 한 권의 책이 七泉의 역사책으로 영원히 보존, 빛나기를 바랍니다.

『七泉』復元集을 발간하는데 많은 어려움이 있었지만 모든 난관을 무릅쓰고 마무리할 수 있어 마음 뿌듯합니다. 그동안 협조해 주신 七泉님들 특히 헌신적으로 복원에 앞장서준 설종호 회원께 깊은 감사를 드리며, 『七泉』復元集 발간에 많은 도움을 주신 다솜출판사 박중열 대표님과 관계자 여러분들께 고맙다는 말씀 올립니다.
끝으로 우리 七泉과 가족 님들의 앞날에 건강과 행운을 빕니다.

2022년 (음)02월 19일(春分) 아침에

七泉 代表 박 우 영

詩香 박우영 시인

* 경남 합천 출생
* 전 연합철강(Union Steel) 근무
* 전 오지리(VÖst Alpine), 일본(新日本製鐵) 냉연 연수(6개월)
* 전 서웨덴(Domnarvet), 서독(SMS)냉연설비 합리화 감독(3개월)
* 전 동부제강(당진)新冷延 기술지도(6개월)
* 전 중국 본계강철(Benxi Iron & Steel Group) 新冷延 기술지도(6개월)
* 전 posco 기성보(포항,광양)
* posco 명예의 전당 헌액자(2021)

* 월간 『시사문단』 시조로 등단
* 『시사문단』 연재 시인(2020년)
* 한국예술인복지재단 예술인 작가
* 한국문인협회 회원
* 부산시조시인협회 이사
* 부산 북구 문인 협회 이사

* 포철인상 수상(순금메달62돈)
* 제14회 빈여백 동인 문학상 수상
* 제16회 풀잎 문학상 대상 수상
* 제10회 북한강 문학상 본상 수상

* 저서 : 『冷延操業技術』 (2001) 외 다수
* 제1시집: 『四季에 피는 香氣』(2015)
* 제2시집: 『추억에서 피어나는 향기』(2018)
* 제3시집: 『치자꽃 향기를 타고』(2019)
* 제4시집: 『마지막 모과』(2020)
* 제5시집: 『별빛 달빛』(2021)
* 제6시집: 『쇳물의 꽃이 피었습니다』(2022)
* 제7시집: 『귀향』(2023예정)
* 공저 : 『봄의 손짓』 제14, 15, 16호(그림과책)

E-mail : pwy4610@hanmail.net

Tel : 010-8592-1941

설종호 작가

* 경남 울산 출생
* 부산 동아대학교 졸업
* 전 부산 경남공업고등학교 교사
* 전 posco근무(포항,광양)
* 전 ㈜상지엔지니어링건축사사무소 근무
* 전 ㈜신도시엔지니어링건축사사무소 근무
* 전 ㈜다인그룹 엔지니어링건축사사무소 근무
* ㈜진광건설엔지니어링 근무중

E-mail : sjh1802@naver.com

Tel : 010-6516-1802

靑堂 박순식 작가

* 경남 밀양 출생
* 부산 동아대학교 졸업
* 전 금성알프스전자㈜ 부장
* 전 LG그룹 회장실 이사
* 전 LG전자㈜ 상무
* 전 ㈜포스넥 대표이사
* 전 ㈜ITP대표이사

* 대한민국 기로미술협회 회원
* 묵연회(서예)회원
* 묵연회 작품전 출품 다수

* 저서(공저) :
  - 공장자동화 추진 실무등 다수

E-mail : sspark7802@naver.com

Tel : 010-2373-7802

권영달 작가

* 부산 출생
* 부산 동아대학교 졸업
* 전 LG전자 부장
* 전 유닉스전자㈜ 상무이사(공장장)
* 전 ㈜에버영코리아 매니저

* ISO-9000지도사
* ISO-9000인증심사원
* 명문 공인중개사 대표
* 고용 노동부주관 실업자 훈련 4세대 아카데미 수료

* 광진 노인종합복지관(정보검색 최우수상 수상)

E-mail : ydkwoun@hanmail.net
Tel : 010-4334-8397

1부 七泉

2부 詩 · 時調

3부 수필 · 독후감

[수필]

[독후감]

4부 서간문 · 단편

5부 新作 特輯(2022년)

1부 七泉

卷頭言

더 넓고 더 깊고 더 맑은 泉을

박우영

나날이 변모 發展 해 나가는 世界 속의 韓國.
줄기차게 뻗어 나가는 조국의 젊은이들. 조국 近代化와 民族 自主精神의 理想鄕에서 오늘의 苦惱로 내일의 平穩을 찾으려는 精神은 과감히 뻗어나가는 우리 泉들에게도 마음 깊이 새겨진 使命이라 하겠습니다.
훌륭하게 건설된 로마의 건축물들은 하루아침에 이루어진 것이 아니며 한두 사람의 피와 땀으로만 이룰 수 있었던 것은 아님이 分明 합니다. 우리 "七泉"의 옥동자가 고고의 울음을 편 것도 수년~. 이것도 한두 사람의 努力으로 된 것이 아닌 七人이 전원 協心 團結 하여 이루어 놓은 聖事거늘 단순한 生覺과 速斷으로 일을 處理 한다는 것은 어려울 것입니다.

이제 내일 우리의 樂園을 푸르게 만들 根源인 "七泉"의 샘을 정화해야 할 시기가 도래하였다고 봅니다. 그러면 "七泉"의 샘을 정화하려면 어떻게 해야 할까요?

첫째, 더 넓은 泉을 만들어야 되겠습니다.
여기서 더 넓은 泉이란 7인 이상의 많은 인원을 요한다는 뜻이 아닙니다. "七泉" 그 개개인의 人間性을 더 넓게 하자는 것입니다. 더 넓은 泉. 말로만 넓은 泉보다는 各泉의 넓은 마음가짐으로써 이룬 "七泉"을 넓게 해야겠습니다.

둘째, 더 깊은 泉을 만들어야겠습니다.
넓게 융합한 "七泉"이 넓기만 해서는 가치가 없습니다. 많은 淨水가 아주 얕게 깔려 있다면 그건 아주 위험한 물로서 쉽게 흙탕물이 될 가능성이 많습니다. 그러니까 넓은 泉, 깊은 泉 속의 淨水는 절대로 흐려지지 않을 것입니다.

셋째, 더 맑은 샘이 되어야겠습니다.
확실한 人格은 그 사람을 代辨 합니다. 그리고 믿을 수 있는 人格이야말로 인간의 成長과 發展, 成

功의 비결이 될 것입니다. 우리의 천도 마찬가지입니다. 泉에 순수하고 맑은 淨水를 넣어 흐리지 않고 깨끗하게 保存 해야겠습니다.

그러므로 우리의 使命은 더 넓고, 더 깊고, 더 맑은 泉을 志向 해야겠습니다.

오늘 "七泉" 3집 발간에 즈음하여 우리는 우리의 覺悟를 다시 새롭게 다짐합시다

2070년 2월 20일

- 七泉 회장 -

격려사

피와 땀과 눈물로 인내하는 칠천

설종호

"칠천 3집 발간을 축하합니다 "

「다 흙으로 말미암아 났으므로 다 흙으로 돌아아 가야 할」 인생의 「저가 母胎에서 벌거벗고 나왔은 즉 나온 대로 돌아가고 수고하여 얻은 것을 아무것도 손에 가지고 가지 못할」 운명인 것을 알면서도 「사람이 해 아래서 수고하는 모든 수고와 마음에 애쓰는 것으로 소득이 무엇이랴. 일평생에 근심하여 수고하는 것이 슬픔뿐인」 것을 느끼며 우리는 한걸음 한걸음 여기까지 왔나 봅니다.

적은 무리들로 모이어 결코 적지 않은 것을 얻고, 뱉으며 지남에, 生과 死를, 심은 때와 심은 것을 뽑을 때를, 죽일 때와 치료시킬 때를, 헐 때와 세울 때를, 슬픔과 기쁨을, 아는 것과 아는 것을 멀리하는 것을, 찾았을 때와 잃었을 때를, 지킴과 버림을, 찢음과 꿰맴을, 잠잠했을 때와 말할 때를, 사랑과 미워할 때를, 전쟁과 평화를, 그리고 우정을, 모두 가졌더라 했던 적은 생명들이었습니다.

삶이란 큰 과제 앞에서 우리가 지녔던 이것들을 다시 한데 뭉치어 적은 세계를 이루다니....
아! 먹고 마시는 것이 수고롭고, 걷고 생각했던 것이 슬픔뿐이었다해도, 이 대견스럽고 정겨운 일이 다시 어디 있을 것입니까? 그리하여 이제는 그동안의 비비꼬였던 마음이, 公義롭지 못한 생각들이 씻어지고 찬란한 내일의 태양 같은 영광 앞에 삼가 옷깃을 여미며 머리 숙이는 엄숙한 시간을 이렇게 가져보는 것입니다.
그것은 꿈과 낭만이 채 영글기 전의 비틀거림을, 속 사람이 눈을 크게 뜨기 전에 우리의 영혼 위에 끼얹혀졌던 시궁창의 오물을 없이 하려는 영광된 순간이기도 합니다.

오!
이제 이 광명 앞에서 우리는 우리의 본분을 찾아

나아가렵니다.
우리의, 가서 기쁨으로 식물을 먹고, 즐거운 마음으로 우리의 포도주를 마심이 있을 것입니다.
우리의 의복을 항상 희게 할 것이며, 우리의 머리에 향기를 그치지 않게 할 것입니다.
우리의 헛된 평생의 모든 生, 곧 神께서 해 아래서 우리에게 주신 모든 헛된 날에 사랑하는 아내와 함께 즐겁게 살 우리가 일평생에 해 아래서 수고하고 얻은 분복을 소유할 것입니다.
무릇 우리의 손이 일을 당하는 대로 힘을 다하여 우리의 일을 할 것입니다. 그러노라면 時期나 우연이 우리에게도 임할 것이며 우리의 때가 당도할 것입니다.

칠천의 찬란한 내일을 바라며 오늘의 우리의 인내를 피와 땀과 눈물로써 할 것입니다.
그러나 나는 神의 가호가 우리에게 계시기를 기도합니다.

1970년 2월 21일

座談會

말씀 좀 나눠 보입시다

설종호

장소: 박순식 회원네 즈거집

일시: 1970년 2월 22일 P.M 1:00

참가자: 칠천 회원 몽땅

사회: 설종호/박우영

기자: 설종호 글마

칠천의 沿革과 目的

사 회: 여! 오랜만이다.

겨울이 지나고 봄이 멀지 않았으니 그런가? 참 따뜻한 날씨야. 한데 우리도 칠천 제3집 발간을 앞에 놓고 몇 가지 얘기를 나누어볼까 하는데 서슴없이 자기의 생각들을 털어놓으라고………(서서히 담배를 꺼내 문다)

우 영: 에~(길게), 뭐니 뭐니 해도 내가 없는 새에 칠천의 성장이 놀라웠는데(?) 먼저 그 연혁과, 뭐 자취 같은 것부터 더듬어 봄이 어떨꼬. 으흠 (회장답다)

영 달: 야! 그야 뭐 사회를 맡고 있는 종호가 잘 알 테지.

사 회: XX, 거 달이는 말 하는 게 꼭 책임회피 주의자 같아. 좌우지간 대 중위 간절한 뜻이라면-----
(모두 서론이 더럽게 길다고 異口同喝 욕이다.)
에~ 그러니까 67년도 6월이었든가?
제도실에 7명이 모여서 「會」를 조직하자는 만장일치의 가결이 있은 후 바로 會名을 정했지. 몇 번 옥신각신하다가 결국 내가 추천한 "七泉"이란 것으로 낙찰을 보고 이어서 회칙을 만든 것 같아. 물론 異議 없이 통과도 보았지만, 그땐 본관이 -으흠~ 회장이었고, 태석이가 총무였댔자…(한 번 으스댄다. 못 볼 상이다)

성 만: 어디 그것뿐이야?
우영이랑 우리가 얼마나 큰 힘을 섰는데, 하하!
(웃는 꼴이 크게 징그럽다.)

철 호: 그땐 정말 똥 힘 다 썼지
그러니까 그해 7월엔 해수욕장에서 칠천의 첫 친목회가 열렸지. 아쭈, 지금도 그렇지만 모두 KBS 씨뿐이었어.
본관을 제외하곤.(초잡게 빼긴다)

태 석: 야! 그 너무하다. 솔직히 넌 묵살인데---
(웃음)
그건 그렇고 우영이 군 입대로 그해 9월 23일에 드디어 칠천 창간호를 탄생시켰지..

우 영: 그렇지 송별회를 마치고 한 열흘이 지났을 거야(기억이 희미, 애매 몽롱한 듯)

순 식: 68년에 들어서니까 아마 철호가 「체어맨」으로 있을 때지. 조약돌이란 이름으로 잠깐 둔갑(?)을 했었지. 생각하면 좀 씁쓸하지만.. (진짜인듯 한 표정)
그때 K 여상 3학년 가시나들 7명도 團合 클럽을 조직했었지. 그 유물로 지금 남은 게 "花泉"이란 이름으로 칠천 제2집-Chil Chun Second Edition-이라 할까?

철 호: 야! 말도 마라. 식이도 식이지만 석이와 더불어 고생한 걸 더듬으면 -아휴- 좌우지간 여기에 대해선 좀 더 얘길 나누지.

뭐야 중재인은 순식이었지. 그러니까 67년 10월쯤이었을까?「제네럴 엇셈 보리」가져 회장에 본관께서, 그리고 부회장에 서 xx, 그리고 회계에 박 xx와 태석이. 다음 서기에 김 xx 엿 댔지.

68년 4월 5일엔 동래 산성에서 첫 친목회를 가진 것 같고..

(그때의 일을 잘 아는 일동 고개를 숙이고 미안한 듯한 표정 진짜 죄 없는「시가」만 빽빽 빨아댄다. 기도 안 찬다.)

사 회: 에~ 이제 좀 간단간단히 끝냅시다.

68년 7월에 다대포서 만난 부산여상의 여학생 4명과 월례모임을 죽 가져왔다가 지난해에 끝장을 낸 아련한 경험(?)도 있고~

영 달: 그러다가 순식이가 회장이 되고 석이가 총무로서 신「캐비닛」(?)을 꾸몄었지. 우영이도 제대를 했고, 철호의 송별연도 가지고.

여름엔 월남 파병되는 성만이의 축하파티가 광안

리해수욕장에서 가졌었고…

우 영: 그러니까 본인이 70년엔 드디어 회장으로 앉은 게 아니었겠나(일동 웃음)

사 회: 자, 연혁은 이 정도로 그만 들추기로 하고 칠천의 목적이랄까, 뭐 그런 것에 대해 우선 가장 말씀이 적은 순식이부터 한마디.

순 식: (괴롭고 마지못한 표정으로) 뭐 목적이야 근사했지만 어디 그게 그대로 되었는고?(역시 반동이다)
사실 우리의 목적은 졸업 후 학창을 떠난 후의 친목이 더욱 중요했었지..

태 석: 나도 그건 동감이야. 사실 회원 상호 간의 변함없는 「후랜드 쉽」 아래 모여지는 그 친목이 더욱 중요한 것이었지.

철 호: 뭐 그것인가. 같이 웃고 울 수 있는 우정 그게 중요했었지

성 만: 그렇지 모두 꼭 맞는 말만 했는데. 무엇보다 어렸을 때의 그 적은 정을 키워 사회에 나가서도 서로 잊지 않고 우정을 나누자고 한 게 아니었던가!
(자못 센티멘털 리스트나 된 것 같이 흥분에 흥분을 거듭한다.)

사 회: 예, 모두 좋은 말씀 하셨는데, 아무튼 요는 우리의 우정을 키우는데 각자의 최선을 다하길 바라면서 칠천의 목적에 대해선 이만 종결하기로 함이 어떨까?
야! How about that?

칠천의 進路

(신임 회장인 우영공에게 사회를 넘기자는 의견에 일치를 본다)

사 회: 약간 좋은 말들을 많이 해줬는데 이번엔 칠천의 진로에 대해서 몇 마디 나누어 보았으면 억수로 좋겠는 데.

철 호: 그런데 우리의 싯투에이슌이랄까, 거기에 대해서 얘기가 먼저 있어야 할 것 같은 데---

.

순 식: 사실, 지금 우리 위치를 이야기 한다는 게 좀 거북한 것 같군.
왜냐하면 (단정적인 말이라도 할듯한 엄숙 무비한 표정으로)
사실, 에~ 우리 사이엔 군인이 둘이고, 사회인 하나, 그 나머지는 모두 학생이 아닌가?
해서 한마디로 잘라 말하기가 뭐하군
성 만: 그런대로 우리의 「싯튜에이슌」을 찾아본다는 게 「어 트랙 티브」 하지 않을까?

사 회: 그럼, 얘기를 비약시켜서 우리의 진로에 대해 먼저 이야기하기로 하지
(여기서 좀 시무룩한 표정이 되어버린다. 그때 영달이가 웃겨버리는 바람에 場內는
「버-스트 인투 라-흐」가 되어 버렸다.)

태 석: 진짜 현 위치니 진로니 하는 말이 좀 어렵다고 생각 안 하냐?
그래도 앞으로 칠천을 위해 생각은 해 봐야지

영 달: 그래 이게 바로 우리의 현 위치라는 게다. 적어도 우린 지금 어떤 것도 쉬 결정짓지 못하는 그리고 단언을 내리지 못하는 것이 지금 우리의 처지가 아니냐! 다시 말해서 <뭔가 서먹서먹한 괴기한 표정- 그리고 행동들> 이것들이 우리의 생태요, 현 위치일 거다.

순 식: 그건 나도 인정한다. 이 문제는 좀 더 덮어두기로 하고---
(일동의 반박이 있었다 그러나 사회자의 중재로 이 문제는 일단 각자가 생각해 보기로 하고 다음으로 넘어가기로 했다.)

칠천에 대한 각자의 마음가짐

사 회: 칠천에 대한 각자의 마음가짐이랄까~ 여기에 대해 한 마디 씩 부기하자.

철 호: 무엇보다 각자가 최선을 다해 칠천을 사랑해야 하지 않을까? 나는 그게 최우선이라 확신하지.

순 식: 그건 틀림없어.
할 때는 하고 그만둘 때는 그만둘 수 있는 매듭이 분명한 자세가 필요할 것 같아.

성 만: 한데 그게 잘 안된단 말이야. 어딘가 멍한 듯한 뭐랄까? 自身에 대해서도 自信을 갖지 못한 그래서 선뜻 결정을 내리지 못한다는 이런 것을 고침이 어때?

태 석: 그러니까 자기 자신의 세계에 대한 확립이 문제겠지. 하나 애써서 현실에서 도피하지 말고 어떤 결정에 대해서 묵묵히 따라 주는 게 좋을 거야

사 회: 어딘지 선불리 나서지 못하는 듯한 마음들인데 어떤 목표를 향해 나아갈 때는 각자의 마음들이 중요한 게 아닐까? 뭐 어려워 말고 이야기해 봐요. (꼬이듯 얘기하는 게 마치 어린이 유괴범 타입이다.)

종 호: 한데 기본적인 문제를 키워 나가고 다치지 않는다면 어떤 마음가짐이라도 좋을 것 같아. 적어도 실천에 대한 각자의 마음의 불변성이란 생각할

수 없으니까.
우정도 변해야 하고 칠천을 생각하는 그 마음도 변해가야 하지 않을까?
그것은 단절의 관계를 말함이 아니라 곧 파괴를 말함이 아니지.
다만 성숙을 향해서 유동성 있는 마음가짐이 좋겠지.

사 회: 그럼 오늘의 좌담을 여기서 마치기로 하고 칠천에 행운이 있기를 바라며 다 같이 건배하자.

일 동: (미리 준비된 잔을 들고) 칠천에 영광 있으라!
부라보!~

[註] 시간과 공간의 관계상 함께 자리를 하지 못하고 종호 혼자의 생각으로 좌담 형식을 빌려 기술한데 불과하다. 아무쪼록 오해 없길 바라며 여기 지대한 양해를 구한다.

2부 詩 · 時調

詩人의 향내

박우영

향내가 번지는
아카시아 골에
詩人은
외로이 앉아
詩를 읊는다

감격의 순간이
물밀듯 밀려오는
바람처럼
넋이 와닿으면
메마른 대지에
아카시아 흰 꽃은
향내 나는
詩人의 입술

5월의 흰 구름마냥
5월의 꽃잎마냥
푸짐한 녹음에 마음을 묻고
시새운 오늘도 지나치면

오~
詩人의 표정은
언제사 그리리
그래도 詩人은
너를 향해
詩를 그린다

고란초의 독백

권영달

양지도 그늘도 나는 싫어서
낙화암 바위 터에 끼어 살지만
고란사 종소리가 나를 달래고
넓은 땅 마다하고 숨어 있어도
못 잊어 찾아 주는 고란초라오

실 날 같은 이 몸은 가냘프지만
눈 서리 거친 바람 이겨 가면서
겨레의 흥망성쇠 지켜봤다오
인적과 세태도 역력히 보며
앞뒤에 노랑 길을 찍었답니다.

요화들아 누구에게 아첨하느뇨
사치스런 꽃송이 부럽잖아요
면면히 포자와 향기를 풍겨
부소산과 더불어 살아왔다오

사시사철 프른 절개 천추에 전한
삼천 궁녀 넋이가 내 맘이라오
무명 무상 절 일체도 내 맘이라오
약수에 내 몸 띠워 님께 바쳐온
백제의 그 정신 내 맘이라오

彷徨

김태석

쉬익~
추위와 아쉬움이 한꺼번에 싣고 온다
누렇게 퇴색한
「플라타너스」의 잎 향기와 함께

차갑게 내 뺨을 스쳐 지나간다
아! 가을이 가는구나!
하고 느낄 사이도 없이

내 마음의 모든 꿈을
저 「플라타너스」와 같이
앙상히 벗겨 버리고서

가고 싶다.
따라가고 싶다!
춥다! 춥다!

가을이 없는 곳은 춥다
추위를 피해
아니 가을을 따라서
어디라도

어디라도 가고 싶다
가야지---
가야지---

이 세상 다하는
그 어느 곳 까지라도

마지막 잎새

김태석

싸늘하게 불어오는 찬 바람
이젠 虛脫 과 失望의 바람이 아니다
환희!
환희의 바람이다

나는 깨달았다
불타는 생명력!
삶!
삶이다!

마지막 달려있는 저 잎새
낙엽 져 누렇게 퇴색한 저 잎새
이젠 울지 않으련다

나도 저 잎새처럼 안간힘을 써보리
나는 알았다.
希望이다!
歡喜 다!

특별기고 『不合格』

조흥복

지독한
겸손했던 자신과
그래서
可視 했던 영광에의 희망이
붕괴되어 버릴 때
순간
만물은 암흑으로 드리워 있었다.

無能
공상 같은 꿈
어리석은 着想-
청천벽력 같은 타격을
어떻게 막으라고
활동하는 細砲는 있었으나
생명은 없었다.

감격의 落淚였어야 하는 게
통곡하는 悲淚로 바뀌다니
그 값지던 피와 땀이
허무의 城 속에서 차단되다니
확신하는 진실한 기도들이
한낱 巫女의 주문으로만 流産 되다니

나는 안다
신에게도
사회에게도
또
나에게도
어떠한 책임은 없다는 것을
그들은 모두 충실했다는 것을

아무것도 응시할 시력이 없다
참말로 아무런 것도
전쟁은 하등의 여건을 따지지 않는다.
궁극의 승리만이 가치 있을 뿐

하여
勝利兵은 높아지나
패잔병은 낮아지는
희롱 같은 비극이 있을 뿐이다.

切刊 12월 10일 자 서울신문 7면의 하반부에 총무처 공고 82호 제9회 "사법 및 행정요원 예비시험" 합격자 525명에 대한 발표가 나와 있었다.

스스로 결과를 예측할 때 최저 점수 평균 65점 이상을 확신하고 있었으나, 역시 대학을 중퇴하고 어쩌면 내 앞 길에 새로운 이정표를 제시해 줄줄 모를 그런「임포먼트」한 시험이었기에 피할 수 없는 바의 숱한 긴장과 총명으로 발표를「앤티시페이숀」(anticipation) 했다.

"가 144번"은 이상할 순 없는 지독히 이상하게도 나와있지 않았다.
청천벽력 같은 충격, 그저 모든 것이 암흑 같지만 느껴졌었다.
처음부터 포기할 만한 가치가 있었다면 아예 하는 심정으로 당당했을 건데 시험 후 확실한 해답으로 택해서 본 각 과목당 점수가 아무리 적어도 평균 65점 이상은 마-그 하리라 믿었기에, 마치 혼이 앗아가는 그런 비통한 슬픔이 있었다. 자기의 무능함에 대해 처음 생각해 본다.

이때껏 살아오는 동안 굳게 의식해온 자기의 천부적인 게 아닌, 노력에 비한 현명함에 스스로 브레이크를 걸었던 것이다. 그토록 피눈물 나는 모든 기도를 들으셨던 하나님, 자기 의사와는 동일시 순행되지 않는 사회와 물질, 그리고 나 자신, 모두는 욕해서 안된다. 그들은 충실했고 최선을 다했다.

「버틀런트 러셀」의 "비록 내가 학창 시절에는 그들에게 졌었지만, 지금은 내가 그들을 이겼다"라는 자서전에서의 고백이나, 격언의 "노력은 성공의 어머니"란 말을 나는 알고 믿지만 현재로선 분명히 패잔병! 무슨 변명이나 계책이 유효할 것인가.

이 詩는 내 생애 처음으로 창조적이고 발전하는 태도에서 일탈한 것이다.

1968. 12. 11

所望

박우영

그리움이 번지는 차원에
피맺힌 눈망울 虛 한
꽃을
기다리는 所望이라
잊어보고 싶다

추억이 있는 빈집에
확산되어가는 밀어가 있어
사랑을 찾는 마음에는
순간을 메워가려는
가냘픈 所望 인가 보다

旗幅처럼 힘찬 젊음의 소용돌이
한 폭 들어 소녀에게 갖다 바치리
그리하여
충만된 표정을 씹고
돌아온 밤일랑
소녀의 앵두알 입술을 그리다

소녀가 가져다 버린
청춘의 뒤안길에서
흐느끼는 백조의 목이 되려는
순간을 메워가는 것이다

그리움이 번져가는 차원에
피맺힌 눈망울 곱게 다물어
소녀를 향한 가쁜 마음으로
창을 열련다
꿈을 보내련다

旅路

권영달

잃어버린 微笑를 되찾으러
한없는 地平線을 瞳子에 안고
해 달리는 列車에 몸 실은 나

내려다 본 그곳엔 한 個의 黑點
우쭐대며 날쌔하던 역시 그 점도
무한한 자연 속에 묻혀 버렸소

스며든 黑點이 더 큰 하나로 化 해 좋았다
묻혀버릴 時間이 遲延 된다면
亦是도 주낙 다 날아 버려도
언제가 行方을 잃을 찌라도

黑

김태석

공이 떨어집니다.
붉은 공이 떨어집니다.
아니 아닙니다.
검은 장막이 마귀 손처럼 뻗쳐 나옵니다.
붉은 공을 잡으려 합니다.
붉은 공이 도망갑니다.
아니 제 자리에 섰습니다.
아닙니다 밑으로 끌려 들어갑니다
말탄 기사들입니다

공을 뺏으려 달려갑니다.
그러나 붉은 공은 빨려 들어갑니다.
점점 빨려 들어갑니다.
발버둥 칩니다
기다립니다

그러나 마지막 꼬리를 남긴 채
사라져 버렸습니다.
기사들은 회색입니다.
말도 회색으로 변합니다.
기사들이 점점
사라져 갑니다.
희미해집니다.
점점---
점점---

바닷가에서

김태석

대지를 포옹한 듯한
저 새파란 바다처럼
나도 한때는
꿈이 많았었지

바위 있는 바다 위를 미끄러져가는
저 하얀 돛단배들처럼
내 꿈은
한없이 커져만 갔지

바다를 훨훨 마음대로 나르는
저 백구도
내 친구만 같았지

그러나 밀려와 부서지는 저 파도처럼
내 꿈은 산산 조각이나
물거품처럼
없어져 버렸다.

病든 가슴

박우영

1. 혼자서 소리 없이 흐느낄 때면
아련히 떠오르는 그대 환상에
다시금 흐려오는 망각의 세계로
雪片 타고 멀리멀리 사라집니다

2. 함초롬한 그대 얼굴 스칠 때마다
이유 없이 사무치는 그리움 모아서
소리 없이 흐느끼는 눈물과 함께
흘러가는 냇물에 띄워 보내렵니다

3. 외로이 서러웁게 울고 난 후면
다시금 펼쳐지는 幻夢의 세계에서
떠나지 아니하는 그대 생각에
가슴 가슴 이 가슴은 病이 듭니다

4. 오로지 그대만을 사랑한 탓에
오로지 그대만을 思慕 한 탓에
결국은 이러한 悲運의 늪지에서
멍든 가슴 이 가슴은 병이 듭니다

5. 오늘도 그대 생각 띄우다 말고
펼쳐진 침실로 발길 고이 돌리며
공허한 마음을 허공에 띄워 보내고
꿈자리 속에서 그대를 품으리

6. 열려진 창틈으로 기러기 울며 가고
싸늘한 달빛이 창을 열고 들어오면
잠 못 이뤄 애를 쓰니 가슴 쓰리오
꿈속에서 웃으며 그대 고이 반기리

너와 나의 詩에서

박순식

파도가 밀려온다
온갖 역경을 다 겪고서
끝내는 해변가로
그리곤
은구슬로 산산조각 나 버린다.

저 넓은
바다 복판에서
온갖 꿈의 표상이 되었던
그 파도---
나의 꿈이 거기 있다

꿈을 키우기 위해
머나먼 바다 저쪽을 바라보며
왜 저다지도 넓고도 넓은가?
한없는 꿈의 역사를 더듬으며
열어젖힌 가슴 그대로
파도 속으로 뛰어든다

또

파도가 밀려온다

온갖 역경을 다 겪고서

끝내는---

그리고서는

나의 꿈을 산산조각으로

부숴 버린다.

꿈 속에서

박우영

새가 되어

푸른 파도를 건너
푸른 산으로 내달으면
푸른 향수가 목을 껴안는다

오수에 잠들어
기인 여름을 송림에 내맡기면
나 하나의 이념은 피어날까?

목놓아 울던 노란 병아리
한 마리 푸른 새가 되어
하늘을 훨훨 날아다닌다

白을 찬양함

김태석

설산에 점 찍힐라
까마귀 날지 마라

희고도 고운 빛이
만방을 制壓 하니

까마귀 검은 네 모습
어이 감히 날쏘냐

無題

김태석

梨花도 春色이라
百花에 쌓여있고

온갖 花 날아 紛紛
오색이 無色이나

임 떠난 쓰린 내 마음
동짓달 朔風 부네

瞑想의 일기

박우영

태양 광선이 뜨겁게 눈부신 해안
어느덧 철새는 깃을 벌리고
섬 안에 잠든 추억을 새기는데
나는 춤추는 파도를 타고
瞑想을 부른다

비린내 없는 싱싱한 고기를 잡고
파도에 일렁이는 짭짤한 해초를 따며
고요한 섬나라 아늑한 풀숲에
천년을 묵묵히 지녀온 말없이 푸른 청송을
가슴에 꼬옥 간직하련다

고난이 가슴을 메이는
산란한 마음의 명상을 가다듬고
지친 하루의 일기를 쓰며
소녀가 잠든 포근한 보금자리로
조용히 띄우노라 瞑想의 일기를.

너와 내가 함께 있다면

박순식

우리의 一念은 하나
같이 있어야 한다는 사실
그대와 내가 헤어진다면 우리에겐
더 이상의 불행이 있을 수 없다오

산새들의 노랫소리를 들을 때도
시냇물 유유히 흘러갈 때도
달 밝은 밤에도
우린 같이 있어야 하는 거예요

그대 너와 내가 함께 있다면
정녕 나의 행복은 그것일 거예요
단둘이서 마주 앉은 밤
난 그대에게 속삭이고 싶다오
진정 그대를 사랑하고 있다고
나의 이 진실은 영원히 변하지 않을 것이라고
그대와 함께 있다면

먼 세월이 지난 후
우리의 육체가 떨어지던 날도
우리의 사랑은 영원토록 함께 있는 거예요
영원히 그대와 함께 있는 거예요

印度 어느 女人의 기도

권성만

주여! 저희 집 대문을 열 때 주께 구하노니
내 마음의 문도 열게 하시고
당신을 모셔들여, 내 마음에 임하게 하소서

주여! 무릎을 꿇어 주께 구하노니
내 마음의 모든 죄악을 쓸어버리고
깨끗이 할 수 있는 용서의 사랑을 보내주소서

주여! 물을 길을 때 주께 구하노니
내게 生水를 주사
내 영혼의 목마르지 않게 하소서

주여! 빨래를 할 때 주께 구하노니
내 마음을 씻으시고
눈같이 淨 하고 희게 하소서

주여! 등불을 붙일 때 주께 구하노니
내 마음을 빛낼 당신의 참빛을 보내주시고
나를 친절하고 선하게 하사
내 생명이 다른 사람을 빛내는
등불이 되게 하소서

주여! 떡을 만들 때 주께 구하노니
주께서 떡을 떼어 주시며
"받아먹으라. 이는 너희를 위해 찍긴 내 몸이
며
이를 행하여 나를 기념하라" 하신 말씀을
기억하게 하소서

주여! 나를 도우사 늘 당신을
기억하게 하소서
아~멘!

잊으렵니다

설종호

이것은 나의 노래가 아닙니다.
술람미」의 女人의 노래입니다.
내가 좋아서 나의 사랑하는 사람에게
드리려고 준비한 것이랍니다.

불안과 초조로움에 쌓여있는
내 공상에 이 노래를 심었더니
이제는 나의 것 같이 되었습니다.

사랑할 때가 있었고
미워할 때가 있는
일이 많으면 꿈이 생기고
말이 많으면 愚昧者의 소리가 난다더니....

아!
이제 잊을 때가 도래했습니다.
결코 오지 않으리라 던 그것이
깊이 내 마음속에 숨겨져 있던 그것이
오! 이제는 행복을 아는 마음으로 잊으렵니다
이 노래를 되풀이하여 잊으렵니다

" 나의 사랑
나의 어여쁜 자야
일어나서 함께 가자

겨울도 지나고 비도 그쳤고
자연에는 꽃이 피고
새의 노래할 때가 이러렀는데

반구의 소리가 들리는구나
무화과나무에는 푸른 열매가 익었고
포도나무는 꽃이 피어 향을 토하는구나

나의 사랑
나의 어여쁜 자야
일어나서 함께 가자

바위 틈 낭떠러지 은밀한 곳에 있는
나의 비둘기야

나로 네 얼굴을 보게 하라
네 소리를 듣게 하라
네 소리는 부드럽고
네 얼굴은 아름답구나

우리를 위하여
여우
곧
작은 포도원을 허는 작은 여우를
잡으라
우리의 포도원에 꽃이 피었음이리라."

3부 수필 · 독후감

[수필]

[독후감]

[수필]

가을과 코스모스

박우영

나는 계절을 사랑한다. 아니 계절의 감각을 느끼길 좋아한다.
봄은 만물이 생동하는 계절이라 좋고, 여름은 바닷가 풍경과 파도 소리가 좋고, 겨울엔 裸木에 눈이 하얗게 쌓인 풍경이 좋다.
이 모든 계절이 다 좋지만 가을은 나에게 영원한 벗이요 친구다.
티 없이 맑고 푸른 하늘과 청아하고 소박한 소녀와 같은 코스모스가 있어 좋고, 알찬 수확의 계절 황금물결이 있어 좋고, 달빛 아래 귀뚜라미 소리 들을 수 있어 더욱 좋다.
센티한 감성과 사색의 나래를 펼 수 수 있는 고요와 적막, 선선한 바람결에 코스모스의 가냘픈 잎새, 금잔디에 팔베개하고 누워 하늘을 본다. 陽光이 이마에 따사롭다. 그러나 그렇게 내가 아끼고 사랑하고 즐기는 나의 꽃 마음속의 꽃, 가냘픈 소녀의 꽃인 코스모스는 고개 숙이고 뒹굴고 있다. 이따금 불어오는 海風에 꽃잎을 날리고 날려 시야에서 멀리 떠나 버린다.

코스모스 향내가 사라져 버림 지금 그렇게 생생하던 삶의 코스모스 꽃잎이 떠나버린 지금 이 가을도 이젠 내 시야에서 멀리 떠나버리고 오직 함초롬한 소녀의 미소 띤 얼굴만 보인다. 수척하게 숨져가는 코스모스가 한참 가냘프다. 그와 함께 이 생명의 香氣도 사라 지련가?
아무런 반항 없이 가을과 함께 숨져 버리는 꽃-코스모스. 잘 가라 코스모스여, 나의 분신이여 맘속의 영원한 꽃이여~ .
보내는 이 마음 한없는 시름에 겨워 쳐다보는 蒼空조차도 싸늘하게 느껴진다. 캠퍼스의 양광마저도 어느덧 서산 봉우리에서 고별의 미소를 짓는데 코스모스여 지금 헤어지면 내년에나 만날꺼나? 네가 떠나는 지금 나의 웃음도 고이고이 접었다가 네가 올 때 미소로 반기리라.

낭만을 부르게 한 것도 너고, 즐기게 한 것도 너

고, 생의 힘찬 대화를 나눈 것도 너고, 내 마음속 깊이 사랑의 내음이 풍긴 것도 너였다. 너 코스모스여 네가 없어 서글픈 지금의 대화 없는 이별, 이 생명의 삭막한 대화만 던지리라. 그러나 너를 어찌 고이 보낼 수 있겠는가. 정녕 이별이라 말할 수가 없구나. 너는 떠날망정 영원히 떠날 수는 없을 게다.

생기 찬 너의 모습을 보려면 다시 기나긴 세월이 흘러야만 되겠지!

다시 찾을 기쁨을 생각하고 미련 없이 헤어 지자꾸나. 나의 꽃 코스모스여! 나의 낭만도 네가 가져가려무나. 너의 모습 내가 간직하고… 하여 항상 널 반기며 힘찬 입김으로 너에게 나의 입김을 불어넣어 주마.

잘 가~ 그리고 다시 오면 내가 널 반기고 너도 날 반겨다오.

가을과 함께 떠나는 나의 코스모스여 안녕이라고~

回想의 窓가에서

권성만

고독을 음미하면서 사랑에 대해 영혼의 안식을 부르는 이 순간 고요한 回想의 창가에 서 본다
더러는 마주 보며 스치는 얼굴들, 그 얼굴 속에 한 번쯤은 자신을 버리고 사랑하고 싶었던 사람.

<C.H>여!
단 하루도 사랑하면서 그 얼마나 부르고 싶었던 이름이었던가? 얼마나 너의 뜻이 되고 너의 의미가 되고 싶었던 순간들이었던가?

하나의 기쁨에서 하나의 슬픔에 이르기까지 神을 의지하려던 믿음마저 희미해지고 약하기만 한 자신, 또다시 제단 앞에 엎드려 참회의 뜨거운 눈물이 내 영혼을 적신다 한들 너의 그 지순한 손길이 내 인생을 손잡아 줄 리 만무하겠지.
긍정할 수도 없고 부정할 수도 없는 막연한 이 실제.

꿈만을 그리며 방황하는 마음은 잠시의 위안을 찾지만 이루어질 희망이 요원한 사람은 언제나 신을 향한 회오의 눈물이 흐를 뿐이다.

화려하진 않았지만 조그만 정성스러운 카드 한 장. 보람찬 오늘과 희망찬 내일을 시원하던 너의 힘이 맺힌 글씨.
다시금 한 해가 여울어져 가는 매듭에선, 굼을 체념하기에도 서글픔이 쌓이고 메꾸지 못한 멍울진 가슴에는 풀길 없는 무기력함만 더 하누나.
얻고자 했을 때 괴롭고 슬프지만, 주고자 할 때 즐거움은 있다. 진실한 사랑도 취하지만 진실한 우정은 더욱 귀하다.

영광과 만족만 잇도록 신은 인간을 만들지 않았다. 그래서 우리는 비애와 괴로움을 안고서 살아가고 있으니 서로가 상처의 피를 흘리지 않으면서 사랑해야 한다.
내가 괴롭다면 내가 나 자신을 괴롭힌 것이며 내가 고독할 땐 내가 나 자신을 고독하게 했기 때문이다.
에로스도 아가페도 다 좋다. 그러나 서로 슬픔일랑

남기지 말아야지.

이해도 용서도 있을 수 없는 이성을 넘어서 하나의 의지는 있어야 한다.

한순간이 영원으로 통하는 문이 있다.

<아버지여! 인도하소서>

흙으로 우리를 만드신 이가 다시금 흙으로 돌아갈 때 받아주실 것을 확신하면, 저무는 영혼의 창가에도 밝은 미소를 보내리라.

나의 가을의 女人에게

박순식

당신의 활짝 핀 행복한 미소
당신의 티 없이 맑은 눈동자
하나하나가 다 잊어버리기엔 너무나 아쉬운 당신의 모습. 오늘도 촉촉이 내리는 비는 가을을 더욱 재촉하는군요. 낙엽 밟는 발자국 소리만이 가을을 느끼게 했던 나의 옛 서신은 당신의 출현으로 더욱 가을의 애수를 느끼게만 하였습니다.

당신은 항상 웃고만 계셨습니다. 나를 더욱더 당신의 함박핀 웃음으로 끌어들이려는 듯. 하나 난 당신의 그 매력 있는 웃음이 한없이 기다려졌습니다. 당신은 나의 하나밖에 없는 영이기에 말입니다. 당신은 겨울도 춥다고 하였으나 나의 손길은 당신의 부드러운 마음을 더욱더 환하게 따뜻하게 하여 주었습니다.

당신의 그 소박한 마음.

나는 그 마음을 한없이 사랑하여 나의 마음에서 영원한 불멸의 꽃이 되기를 기도드리곤 하였답니다. 그러고는 그 마음은 곧 나의 마음이 되도록 노력하였습니다. 당신과의 지난날의 아름다운 추억들, 아직도 생생하게 나의 뇌리를 흔들고 있군요. 당신은 나를 믿어주셨고, 난 당신을 나의 女神으로 사랑하였습니다. 어제도 오늘도 나는 당신을 잊지 않고 있습니다. 그리고 내일도 역시 당신을 잊지 않을 것입니다. 아니 영원히 잊지 못할 것입니다. 나의 피가 흙이 되어도 당신의 그 아름답던 두 눈동자에 영원토록 사랑을 맹세한 ---

당신과의 가을은 더욱 잊지 못할 것입니다.
가을은 당신의 계절인가 싶습니다.
나는 가을이 그렇게 좋지 않으니까---
하지만 당신이 나의 마음속에 있는 한 영원히 영원히, 아니 그보다 더 오랜 세월이 있다면 나는 그만큼도 잊고 싶지 않아요. 당신의 가을을....

영원한 불멸의 사랑
당신과의 사랑을 두고 한 말인가 싶군요. 당신의 하얀 솜 같은 부드러운 손길은 나의 마음을 깨끗하고, 맑게 하여 주었습니다.
영원한 사랑의 손길. 하나 뜨거우면서도 차가운 듯, 그러면서도 부드럽게 나의 마음을 사로잡고 말았어요. 당신의 나의 곁에 있을 땐 달이 없는 밤도 슬프지 않았습니다. 하늘의 별이 반짝이지 않아도 나는 노래를 부를 수도 있었습니다.

그러나 이제는 끝이 됐습니다.
지난날의 이렇게 아름답던 나의 사랑은 힘없는 물거품과 같이 강물을 따라 유유히 흘러갔습니다. 그렇지만 나의 지난날의 그 추억은 아직도 나의 가슴 깊은 곳에서 호흡을 하고 있습니다. 지금의 상처가 아물지도 않고요.
이제는 그 사랑을 잊어야만 한다고 마음의 상처를 힘 있게 쥐고 흔들어도 그럴수록 더욱 상처는 깊어지기만 하는군요.
당신의 떠났어도 나의 마음엔 아직 당신의 나의 가슴에 남아있습니다. 잊어야만 하는 당신의 행복을 난 빌었어야 할 것 같습니다. 당신과 난 이제 남남이 되었어요. 마음은 하나라고 할지라도 서로가 잊도록 노력해야만 합니다.

그러나 또 당신의 이름을 불러봅니다.

메아리로만 돌아올 줄 알면서도 말입니다.

지금은 잊어야 하는 때. 영원한 당신의 행복을 빌면서. 당신에게 보내야 하는 편지를 나의 가슴에 고이 품고 있답니다.

행신의 행복을 위해서.

[독후감]

春園의 再生을 읽고

권성만

春園의 재생은 1924~25년에 걸쳐 동아일보에 연재된 소설이다. 단 한 번 읽은 것이 이렇게 내 마음을 사로잡는 것은 아마도 그것이 문학적이라기보다는 당시 저자가 비판하여 그려놓은 인물들과 사회상의 오늘과 어떤 공통성을 갖고 나에게 그 무엇을 생각게 하는 때문이다.

민족 주의요 계몽주의에 앞장 서던 춘원 선생께서 지금 계셨다면 어떤 글을 쓰실 전기, 오늘의 현실은 너무도 당시와 닮은 데가 있으니 말이다.
3.1운동의 정열이 식어지고 젊은이들은 이기주의, 물질주의에 치우쳐가는 반면 오직 뜻있는 독립당에 의해 산발적인 터-러가 계속된다.

뚜렷한 가치관을 갖지 못한 미모의 주인공 "순영"

은 우유부단한 성격의 소유자로, 오빠의 동창이며 중학 때 3.1운동에 가담했다가 징역을 살고 나온 "봉구"ㄹ르 사랑하면서 중년 갑부 "배윤희"에게 첩으로 가게 된다. "봉구"의 씨를 베었던 그녀는 풍족한 물질의 생활에서도 행복을 찾지 못하고 마침내는 눈먼 딸과 함께 구룡면 폭포에서 자살한다. 광풍에 쫓기는 안개 같은 인생을 죽음으로 재생할 수밖에 없었는지 특히<나의 사랑하는 아내 순영의 무덤, 무정한 봉구는 울면서 세우노라>고 세운 무덤 앞 목패와 함께 비극적인 결말이 아쉬운 여운을 남긴다. 살인사건 재판 등은 마치 한국판 "부활"을 연상케하며, 시대의 대표자 미모의 "순영"은 정녕 춘원의 카투사 이련가? 貞操不認論, 금전만능론 자인 "선주", 플래토닉 러브의 소유자인 "경주", 민족주의 투사 "순흥" 고귀한 헌신적인 신앙생활을 하는 "인순", 외국 유학파 박사학위까지 가진 인텔리면서도 치사한 인간 "김 교수" 등등 각 부류의 인물들을 돌이켜볼 때 지금도 어디엔가 살고 있을 것만 같다.

그때의 "봉구"는 농촌에서 일생을 헌신하려 했지만 오늘의 그는 어디로 갈 수 있을 것인가?

사랑에서 부터 오는 사회생활

박순식

지금까지 무한히 사랑해오던 사람이 갑자기 자기를 배반한다든지 아니면 어쩔 수 없는 사정으로 서로 헤어져야만 하는 경우 우리는 이러한 슬픈 심정을 어떻게 달래야 할 것인가?

우린 깊은 사색에 잠기지 않으면 아니 될 것입니다. 어쩔 수 없이 헤어져야만 하는 경우도 우린 얼마나 괴로워할 것인가? 그런데 하물며 우리가 사랑하는 사람으로부터 버림을 받았을 때 그 아픈 가슴을 무엇으로 달래야 하는가 말이다.

세상일이 아무리 슬픈 일이 많다 할지라도 이보다 더한 서러움과 괴로움이 있겠습니까?

인간세계의 미묘한 생활 속에서 자기의 환경에 적응도 않는 사랑을 하는 사람, 이루어지지 않는 사랑을 하며 홀로 괴로워해야만 하는 심정,

이렇게 발버둥 치며 살아가는 게 우리 인간이 산다는 조건일까요? 우리가 뿌린 씨앗으로부터 우리가 거둬들이는 이 비극은 정녕 인간 사회의 그것

일까요? 세상을 저주하면서 사회에서 소외되는 인간. 가히 이 사회의 참극 속에서 어떻게 인간이 살아가야 하나.

괴로우면 서로 괴롭지 아니한 것처럼 비참한 자기를 사랑스러운 듯 이야기하여 자기의 처지를 잊곤 하는 자들도 무한히 있을 것이다.

비극의 쌍곡선이 엇갈리며 이렇게 살아가야 하는 게 인생인가 봅니다.

차라리 아무리 외롭더라도 아무도 사랑하지 말며 사랑도 받지 말며, 이렇게 고민도 하지 않고 살아가는 그저 그렇게 생각 없는 생활을 할 때가 더 즐거운 인생이 되지 않을까 하는 생각만이 뇌리 속에 꽉 차있구나. 모두 다 잊자 그리고 사랑도 잊자. 인생을 쉽게 살아가자. 사회를 저주도 하지 말며 원망도 하지 말자.

나대로 살아보자.

나의 설계도대로....

특별기고 『막걸리에 얽힌 얘기들』

조흥복

그게 지독히 고의적인, 혹은 무지에 기인한 사고였다고, 그리고 그의 실천이었다고 지금은 견고히 확신하지만, 내가 고등학교 在學 때만 해도 술(酒)에 대해선 지독히 반항적이었다. 이유야 복잡할리 만무다. 소위 「크리스천」이라는 레벨이 있었기 때문이었다.

하기야 지금도 「크리스천」임에는 의심의 여지가 없지만 그땐 솔직히 어느 미쇼나리」가 애기했듯 지역적인, 혹은 사회적일 뿐인 습관적 차이인 줄 모르는, 그러한 참된 신앙과는 별개의 문제인 바를 몰랐기 때문이었다.

좌우지간 내가 술을 먹게 된 것은 대학에 와서부터이다. 지방 학생들 서울 유학 가서 맨 처음 찾아가게 되는 곳이 酒店-막걸리 홀-이지만, 사실 고향을 떠나서 이역만리에 가서 고독이라면 약간 이상하지만 사랑하는 사람과 가족을 떠났기에 여하간 고독 비슷한 감정 때문에 필연적으로 눈길을 주게 되는 곳은 분명 주점이다. 또 대학 주위의 주점이란 10중 8내지 9는 막걸리 집이니 통괄적 용어의 주점을, 역시 통괄적 의미는 사유하지 않더래도 막걸리집이라고 하는 편이 자연스럽다고 느끼는 것이다.

채 1년도 안된 경력이지만 막걸리에 얽힌 희비쌍곡선은 고수급 못지않게 많으니 그것 또한 輕妙脫灑 하다 하겠다.

하숙을 하노라면 웃지도 울지도 못할 괴이한 일이 많지만 내가 하숙하면서 "자의반 타의 반"으로 겪은 술과 더불어 큰일은 진짜 웃지도 울지도 못할 속성을 지녔다. 그 하나만 모두로 옮겨본다.

하기 방학을 며칠 앞두고 파-티가 벌어졌다. 명칭하여 "離別酒席"이라고 했던가 싶다. 下釜 前日까지는 추측건대 제5차 이별주를 교환했음에 틀림없을 것이다. 좌우지간 이날은 하숙생 6명은 말할 나위 없고, 주인댁과 주인댁 따님(당시 高大在中)과 주인댁 친구되는 분들이 동석했었다.

비단 막걸리뿐 아니라 맥주, 소주, 포도주, 콜라, 사이다 등도 튀어나왔지만 전 파-티가 거의 막걸리로 계속되었으니 막걸리 파-티라고 하는 것이 무조건 옳다.

술이 거나하게 오르자 우린 남녀노소를 막론하고서 노래-유행가-를 부르기 시작했다. 로테이션식으로 노래를 부르는 것이다.

지방 학생들 서울 하숙하는 놈치고 讚歌(?) 못하는 녀석 없지만 이상히도 우리들은 전부가 좀 한다는 「오버」해서 도사 급이었다. 노래는 「스탠 답」해서 하는데 그 폼이 제각기 다르지 또한 그 폼에 道가 띠었다. S라는 국방외교학과 生은 두 손을 사타구니 밑에 수시고 선 게 「이웩트」한 폼으로 고개를 옆으로 비스듬히 숙인 것이 유별났고, K라는 高 3 친구는 프로 싱거 폼은 새 발의 피格이라며 자기 폼을 자화자찬하는 바, 난 그걸 일종의 과대망상증이라고 밖엔 못하겠지만 두 손이 마이크를 잡고서 지어내는 폼은 분명 特逸 했다.

재연이는 두 손을 「괴춤」에 구겨 넣고선 한 다리-주로 왼발-을 앞으로 내고 천정을 응시하며 부르는 「휘고」가 장관이었는데 이 녀석은 남진의 히트송 "가슴 아프게"가 18번이었다.

나 역시 폼이 있었겠으니, 그건 한마디로 고수 악당 같은 것이라고 설명하는 게 쉬울 것 같다.

동석했던 어르신네들과 웃지도 울지도 못할 다이얼로그와 애티 큐트 등을 문학화 시켜본다.
"자 趙君 여기 내 술 한잔 받아라."
"파파요, -아들 술 받아라- 전에 일사천리로 죄송하지만 니코틴 한 대부터 주고 보소"
따지면 경상도 사투리인데 적어도 지성인의 대열이라면 과연 이 정도의 대화들이 얼마나 막된 것이었던가를 이해할 수 있을 거다.
"그래, 엄마는 노래 안부를 겁니꺼. 사실 자기 부르기 싫으면 할 수 없지만 이거 영 초 잡지 않소"
"안 그렇다. 아직 酒毒이 안 올라서 그런 모양인데 내가 엄마한테 한잔 따라주고 어째 해봐야 안 되겠나."
"엄마요! 보소 이거 오줌 누시듯 쏵하고 들이키소"
그래서 갱스터의 강요와 전압에 못 이겨 잔을 진짜 오줌 누시듯 쏵들이키고 나면 모두들 한마디씩을 빼지 않는다.
"옳다 옳아. 엄마 폼이 영판 향단이가 몽룡이 놈 앞에서 홀짝 마시듯 하는 게 酒道를 통달한 표시가 아니겠소."
"영어에도 안 있소. [Work while you are working, Play while you are playing.]이라고."
"맞아 노망도 잘못 걸리면 지옥 간다 안 하요."
서울 생활을 종식하고 난 여기 부산에서 생각해 볼 때 사실 노망을 우리가 잘못 질렀던 거고, 그래서 우리들이 輪火나 횡사 같은 방법으로 지옥으로 불려가지 않았던 게 실로 기적 같은 행운이었던 것 같다.
요즘 친구들끼리의 酒席에는 "S"라는 친구 하나가 새로이 가세되어서 훨씬 더 다양성 내지 합리성을 띄울 수 있게 되었다. 이치 얼마 전까지만 해도 반 진보적 신앙인들 사이에선 확고한 신앙인이라고 이구동성 찬사를 아끼지 않았던지라 솔직히 우리 좌석의 버라이어티 내지는 레쇼널리티를 더하게 되었다는 건 극히 일리 있는 말인 것 같다.
한데 이 친구 S는 자긴 종종 "기분"으로 술을 마시는 게 아니라, 거의가 자기가 처한 고뇌에서 엑소더스 하기 위해서라는 못된 소릴 해서 많은 비판을 우릴 통해서 받고 있다.
내가 크리스천이기에 그냥 기분으로 술을 마시는 걸 주창하고 있는 것이다. 아무래도 고뇌는 우리

아버지 즉 神께 여쭈어야 하지 않을까?
서울서 하숙 생활할 때 떠날 줄 모르는 고민 때문에 내 본연의 괴도에서 벗어나 술을 마신 적이 제법 있었다.
서머버케이숀으로 下釜 하기 며칠 전이었으니 그땐 제법 폭염이 내리쬐는 日候가 아니었을까. 학교도 안 가고 대낮부터 막걸리를 마시고 집에 오니 동석하던 친구가 보이지 않았다.
난 이 녀석이 -물론 속단으로서- 분명히 나 없는 새에 가게에 하-드나 사 먹으러 간 줄로 결론 내려 버렸다. 그땐 벌써 잠옷 바람으로 누워있었던 때였지만 잠옷이고 뭐고가 없었다. 설상가상 上衣는 완전히 벗어서 反裸體가 되어있었으니 내가 가게까지 활보할 때 인간들은 비록 나같이 벗으면 다를 바가 없었겠지만 나를

얼마나 신기하게 보았을까? 혹 신체가 좋았다면 그런대로 서로가 一味를 누릴 수 있었을 테지만 「키-타」의 현이 양옆으로 분명한 윤곽을 짓고 나타났으니 보는 측에서는 말할 것 없고 내 바른 정신이었다면 죄송이 지독했을 게 아니었겠는가?
하여간 그 폼으로 가게에 갔어도 재연이는 보이지

않았다. 가게 아주머니의 호기에 찬 시선을 위시한 많은 시선을 받고 집에 돌아왔는데 한 잠자고 난 후부터 이 거리를 어떻게 다닐까 하는 별 괴상하지 않는 문제가 유독 나에게는 곤란한 「서브젝트」로 등장된 것은 실로 인과법칙에 의거한 당연한 귀결이었으리라.

내가 술을 배우기 시작한 것은 서울에서였었고, 「L」놈 역시 동일했다. 이 녀석 내 유혹에 넘어가고 나서부터 이지만--

「L(재연)」이 처음 서울 왔을 때 일이다.

도착 다음날 난 혼자 막걸리를 제법 머고 들어왔다. 점심, 저녁을 굶었으니 속은 공복, 집 까진 별 불편 없이 왔는데 오자마자 바로 누워 버린 게 失着 이었다. 그저 막 게우기 시작하는데 나도 약간 당황하였지만 아직 그런 꼴 경험해 보지 못한 재연이로서는 실로 어리둥절하고 당황해하지

않을 수 없었다.

이 녀석이 사다 준「가스명수」,「 쿨-탑」등을 먹고 잠이 들었으나 너무도 미안해서 잠이 들어가면서도 "재연아 미안하다", "재연아 미안하다"를 연발했었다니 --- 지금 생각해 보면 기도 차지 않

을 뿐이다. 다음날 아침 재연이 왈 "난 결코 술을 먹지 않을 테다".

한데 이 녀석 그 후 즉시 술을 배우고 지금은 나와 같이 친구 중의 "주당"에 들어가고 있으니, 실로 인생무상함이 이런 걸 두고 이르는 말이 아닐까 싶어진다.

내가 경희대학교를 자퇴하고 난 후 별이상에는 없었지만 내게 오는 시선들을 양호하게 전환시키기 위해 고시 준비를 한 적이 있었다. 시선을 양호케 할 목적으로「하늘의 별 따기」격인 고시를 준비했다면 그 당시 내게 오던 시선이 얼마나 내게 비우호적이었던 가는 가히 不問而可知다. 그땐 누나와 함께 영등포에 있었는데 지역적적으로 서울의 변두리에다 설상가상으로 여러 번 산사태가 나서 주민이 생매장되었던 봉천동이었으니 그렇게 좋은 입지 조건을 갖춘 곳이 아니었음에 명약관화하였다.

여하튼 시험은 11월 초에 있었는데 그때까지 내 공부는 실로 악착스러울 정도로 歿하였다.

성균관대학교에서 시험을 본 후 내 기분은 적잖이 흥분이 되었다. 적어도 각 과목당 10번 이상씩은

讀破, 諳破 했었으니 「톱」에의 희망도 없진 않았고, 실제 평균
한데 이 녀석 그 후 즉시 술을 배우고 지금은 나와 같이 친구 중의 "주당"에 들어가고 있으니, 실로 인생무상함이 이런 걸 두고 이르는 말이 아닐까 싶어진다.

내가 경희대학교를 자퇴하고 난 후 별 이상에는 없었지만 내게 오는 시선들을 양호하게 전환시키기 위해 고시 준비를 한 적이 있었다. 시선을 양호케 할 목적으로 「하늘의 별 따기」 격인 고시를 준비했다면 그 당시 내게 오던 시선이 얼마나 내게 비우호적이었던 가는 가히 不問而可知다. 그땐 누나와 함께 영등포에 있었는데 지역적적으로 서울의 변두리에다 설상가상으로 여러 번 산사태가 나서 주민이 생매장되었던 봉천동이었으니 그렇게 좋은 입지 조건을 갖춘 곳이 아니었음에 명약관화하였다.
여하튼 시험은 11월 초에 있었는데 그때까지 내 공부는 실로 악착스러울 정도로 歿 하였다.
성균관대학교에서 시험을 본 후 내 기분은 적잖이 흥분이 되었다. 적어도 각 과목당 10번 이상씩은

讀破, 諳破 했었으니 「톱」에의 희망도 없진 않았고, 실제 평균
「톱」득점인 75점을 자신 있게 「마-크」하리라 믿어졌기 때문이었다.
그날 아침 누나에게 시험 잘 치면 한잔하고 오겠다고 서약을 한 대로 나는 종로 2가의 xx 주점에 들러 1차로 맥주에다가 참새구이를 꼭 기분 좋게 먹고선 즉시로 영등포로 와서 막걸리를 신나게 퍼댔다.
시험은 잘 쳤겠다. 한 잔도 했겠다. 그 봉천동 경사 길을 오르면서 남진의 "타향"을 서곡으로 곡조 뽑는데 봉천동 사람들의 수면에는 별 관심이 없었음은 물론이었다.
한데 그 곡조들이 지금 생각하니 난생처음으로 해보던"물지게 지기"라며, 쌀이 없어 3일씩 굶어 가면서도 밤을 새우던 고투며, 비가 올 때 창으로 빗물 막아내던 고생이며, 저녁마다 누나와 예배를 볼 때 자주 누나와 어머니와 내가 가련해져서 주님을 부르면서 울던 기억이며------에 대한 다시 한 번 비참 의식과 그것이 멋진 것으로 결정될 것 같은 기쁨의, 정말 혼합인 것 같았다.
하지만 발표에 내 이름은 분명코, 눈물을 가지고

눈알을 수십 번씩 씻고서 봐도 없었으니, 술 한 잔에 곡조 뽑던 그게 실로 시기상조인 방정이었나 보다.

1968.12.29 밤에

4부 서간문 · 단편

[서간문]

고향을 그리는 한 밤의 망루에 서서

손철호

종호!

무척이나 그리운 이름이다.

이 한마디 말로서 벅찬 나의 가슴을 토할 수 있을 것 같구나.

오랜만에 들어보는 붓끝. 3개월 만에 처음으로 그저께 집에 안부 드렸고, 이것이 두 번째라면 알만할 거야. 그래서 손이 너무 무디어버려 내 마음먹은 바대로 되질 않는구나.

그러나, 종호!

경술년 정월이 다한 오늘에야 망년 인사와 신년인사를 드리게 되니 미안하기만 하구나. 이렇게 변해버린 雪(철호의 아호)이기에 더욱 가슴 슬레이며 이 한자리를 마음껏 향유하고프지만 마음만 간절할 뿐 손끝은 떨려 오기만 한다.

오직 송구스러운 마음뿐이기에 그 누구에게도 붓을 들지 못하고 마는 것이 나태로 운 습성을 새로이 지니게 된 어쩔 수 없는 새로운 습성이다.
이 좁은 울타리 속에서 모든 사념과 이상과 추억과 사랑과 미움, 그리고 삶마저도 망각해 버리는 권태로움 속에서 낭만이나 사색을 추구하는 사치로 움은 포기해 버렸다. 오직 나태로 운 시, 분을 헤아리는 절망적인 불안의 겨울을 웅크리고 떨며 지내는 안타까운 모습만.

종호!
그립기만 한 나의 친구여!
신파 연극은 그만 둘까 한다. 그렇다고 너무 단조로운 세계 속에서 신비로운 사건이 생겨나는 것도 아니고 재미나는 얘기도 있을 수 없다. 다만 바라는 것은 시간의 해결과 벗들의 참다운 모습을 마음으로 그려보는 기대뿐이로구나.
그래도 나의 마음속에 비추는 나의 친구여, 잊지 않고 보내준 카드와 편지는 감격적으로 읽어 보았다. 오랫동안 잊어온 칠천의 식구들 속에서 오직 자네만을 생각할 수 있는 나이기에 외롭지가 않구나. 그러나, 갖는 것 만을 즐기는 이기적인 雪에게 불만도 많았으리라. 이제 캄캄한 동면에서 깨어나 설레는 마음을 달래고 싶다.
둥글둥글 얼어가는 새벽 빙설이 너무나 아름답기도 한 정월의 한밤에 내 그리는 벗들에게 평안을 기원해 보고 싶구나.

종호!
행복한 자네의 이 시간을 축복하며 가내의 평안과 건투를 빈다.
새로운 마음으로 모든 벗들에게 안부를 드리니 대신 전해 주려무나.
이 한 밤도 안녕.

벗 철호가
벗들을 생각하며~

*참고(주소)
육군 사관 학교 근무 부대 수송대
일병 손 철 호

잊으려는 努力

설종호

당신
정월 대보름달이 빛을 저 天空에서 대지를 향해 비추일 시각을 기다리면서 조용히 영글어가는 모습을 보여주고 있습니다.
나의 그림자가 대지 위에 또렷이 새겨질 것을 생각하며 아해의 방긋 웃는 웃음과 같은 그를 기다리며 당신에게 적어봅니다.
초생 달이나 그믐달처럼 가늘지도 않고 궁색하지도 않으며 반달이나 그보다 큰 모습일 때의 그 오만한 꼴이 나타나지도 않은, 소설의 처절한 자기학대나 소외자와 같은 비굴성을 모두 거두어버린 모습의 그것이 나로 하여금 잊지 못하게 하는 하나의 큰 원인입니다

내가 당신을 그렇게 보았듯이 그의 둥근 모습이 보일 때에는 기꺼이 방문을 열고 그가 인도하는 데로 따라갑니다. 한없이 걷습니다. 어디든지 상관

하지 않습니다. 지쳐서 더 이상 걷지 못할 때는 쉬어서 그와 더불어 피로를 풉니다.

아! 당신이 내게 그러했듯이 그는 나의 우울을 밝혀주는 能이 있습니다. 나의 번뇌가 가득하고 우울이 온 전신을 덮고 있을 때 그는 손을 내밀어 그의 따사한 미소로써 그것들을 거두어줍니다. 그래서 깨끗한 마음으로 그것을 되새길 때 얼마큼 정화된 모습으로 그 정체가 보이곤 하지요. 그래서 난 곧잘 당신에게 그의 자랑을 했습니다. 그때마다 당신은 "피-" 웃곤 했지요.
내가 당신을 보고서 곧 나의 괴로움을 잊어버릴 수 있었음을 역시 당신을 보는 즐거움이 있었습니다.

대체로 나의 우울의 그 양상이라는 것이 대개는 일정한 것입니다. 흔히 젊은이에게 게재될 수 있는 바의 우울이란 당신도 잘 알 것이라 생각합니다. 한번 마음에 우울이 스며들면 그것을 감출 줄 모르는 게 나의 결함 중의 하나이겠지요? 드디어는 좌중의 분위기가 흐려지고 나와 같이 하는 자의 마음에 그득히 남아주고야 마는 것이니까요. 그것이 탁주라도 한잔 얼큰히 되었을 땐 잔소리(?)로써 흡사 댐이 무너져 물이 쏟아져 내리듯 마구 흘러 나옵니다.

나는 이러한 우울을 안고 곧잘 산책을 즐깁니다. 석양이 깔릴 무렵의 바닷가나 들판 혹은 산은 내게 있어서 가장 좋은 산책의 코스랍니다. 그리고 밤이 되어 전등불이 훤할 때는 시장터를 지나갑니다. 쇼핑 가이드에 진열된 형형색색의 상품들에게서 큰 기쁨을 얻어오기도 합니다만 다니는 과일가게를 한 바퀴 스쳐오기도 합니다만 그윽했던 우울이 봄 눈 녹듯 없어져 버리죠. 산책이라야 늘 다니니까 담배가 서너 개비 필요합니다. 불을 댕기어 힘껏 품었다 연기를 내어 뿜을 때 - 그때는 더욱 깊은 우울 속으로 나를 집어넣는 답니다. 해서 그 속에서의 우울의 음미라나 할 그러한 상태는 한층 상쾌해집니다. 물론 산책을 즐길 때는 酒 한 잔을 생각합니다.

같이 거닐 수 있다는 그것이 내겐 한없는 즐거움인데 그러한 즐거움을 갖고 가지 못하는 게 대부분이었습니다. 어떤 때는 당신을 만나기도 했습니다. 그럴 때일수록 나 혼자서 발걸음을 빨리해야 한다는 사실은 바로 고역이었지요. 이러한 얘기가 길어지면 길어질수록 따분해지겠기에 빨리 다음을 향해야겠습니다.

인간이 어떻게 해서 생겨났는지 많은 애기가 있는 것을 당신은 잘 알고 있을 것입니다마는 희랍 사람들은 "인간은 스스로 생겼다."라고 이야기한답니다. 神들이 올림푸스를 중심으로 활약하기 시작했을 때 대지 위엔 벌써 인간들의 활동 무대가 벌어졌다는 것입니다. 결코 신이 인간을 만들지 않았다는 것이지요. 스스로 된 존재인데 신에게 제사드리기 위한 책임이 주어졌다고 했어요. 신들은 인간이 드리는 제사를 기뻐하시고 인간을 축복했다고 하지요.

당신도 알다시피 성경엔 인간을 흙으로 빚어 신의 형상대로 지었다고 했어요. 그래서 에덴에서 만물을 다스리며 살라고 하였습니다. 그런데 여자가 태어나는 경우는 희랍 사람들이 생각했던 것과 히브리인들이 생각했던 것이 서로 다른 것 같더이다.

희랍인들은 "남자에게 뭇 재화를 갖다주고, 남자가 가난할 때는 달아나고, 남자가 돈 많고 잘 살 때만 옆에 붙어살고, 남자가 벌처럼 애써서 온종일 모아오는 꿀을 편안히 앉아 배가 터지도록 처먹는 여인 쪽" 「판도라」였다고 합니다.

“「판도라」의 상자가 열림으로 그때부터 무수한 질병과 재앙이 세상에 떠돌며 밤낮 인간을 괴롭히며 한시도 휴식을 주지 않았다"라고 기술하고 있습니다.
그러나 성경엔 사람이 獨居 하는 것이 좋지 않아서 남자를 돕는 배필로서 여자는 지어졌다고 했습니다. 인간들이 타락하여 신의 약속을 어김으로 에덴에서 쫓겨났고, 그때부터 온갖 우환 疾苦가 인간을 지배하게 되었다고 기록한 것 같이 생각됩니다.
죽음에 대하여서도 한 쪽은 망령에서의 삶을 이야기하는가 하면 다른 한쪽은 天國이라고 하는 樂園에서의 삶을 주장합니다.
이렇게 서로 상반되는 사고와 주장 속에서 인류의 역사 또한 그러한 사조를 띄고 전개되어 왔으니 이제는 지쳐버린 영혼들이 서로 실존을 부르짖고 있는 것 같습니다
흔히들 우린 삶이란 단어를 곧잘 사용하고 있습니다. 삶의 사전적 의미는 “살아가는 일” 곧 生 그 자체입니다. 그래서인지 사람들은 흔히 인생을 덧없고 무상한 것이라고 말하고 있군요. 서로 사랑하고 미워하고, 슬퍼하고, 하면서 그날 그날을 보내고 있으나 결국에 가서는 다같이 백골로, 아니 한

줌의 흙으로 처해질 은명이기에 그렇다고 합니다. 生 - 그 자체는 훌륭한 것이나, 우리의 사고와 생활방식 기타 여러 환경이 우리에게 행복만을 약속하지 않기 때문인가 봅니다. 그래서 괴롭다느니, 고달프다느니 등의 말은 쓰이는 거겠죠.

하나 원래 인생이란 "상승하는 생명체"로 그 어원이 밝혀졌다고 합니다. 한자의 "人", 영어의 "MAN" 이란 말이 "화살의 꼭대기"란 어원을 가진다고, 그것을 증거하고 있어요. 그래서 3번의 변화-곧 창조의 과정-을 그쳐서 완성되는 게 인간이라나요? 이것은 사실인 것 같습니다.

적어도 인간은 육체를 벗어나지 않는 한 완전해질 수 없다는 것입니다. 적어도 만물의 영장이라는 보통 칭호를 받는데 조금도 주저치 않는 인간이기에 천사도 인간을 부러워한다는 데에 야 생명체보다 나은 무엇이 있어야 함이 아닐까요? 그래서인지는 모르나 영혼-곧 영-을 소유한 생명체이기에 내세가 정해지고 거기에서 영생할 수 잇다는 것은 거짓이 아닐 것 같습니다.

세상에 알려진 종교 중에 유명하다는 교리치고 내세의 행복을 약속하지 않는 종교가, 혹은 그가 가지는 가지는 교리는 더 물 것 같습니다. 차츰 지상에서의 행복을 많이 얘기하는 시대로 변해 가지만-.

어떠한 교파는 어떠한 교리는 한번 자기의 교리에 의해 가치관이나 사고관이 변해지고 소위 말해서 「重生」을 이야기한 다음 그들의 지고의 신의 힘에 의해서 그들의 율법에 의한 내세에서의 완전한 것을 이야기하더군요

이렇게 이얘기 하는 나 자신이 흡사 당신에게 설교를 하는 듯한 착각에 이르고야 말 것 같은 생각이 나는군요. 결코 그런 것이 아님을 당신은 믿어주세요.
나는 진정한 마음에서 나의 생각을 간추려보고 있으며 당신과 얘기를 나누고 있는 것입니다.
다시 말머리를 앞으로 이어 보기로 합시다.

오늘날엔 "내세란 너무도 따분하고 무의미할 것 같다"라는 생각을 가진 이가 많아지고 있나 봅니다. 고향이라고 돌아가 봐야 거저 그렇거니 하고 생각하는 것과 같이 인간의 가치성에 대해 많은 가치성을 거부하고 있는 것 같습니다.

끝없이 방황하며 반항하고, 불안과 초조 속에서 생을 하나의 모험으로 생각하는 것 같습니다. 모든 가치관을 거부하고 어떤 인습도 배격하면서 오직 자신만의 세계를 갖고 싶어 하나 봐요.
이제 우리는 결론을 내리기가 심히 민망하여 이야기를 여기서 잠시 중단하여 바꿉시다. 그래서 우리의 이야기를 다른 곳으로 옮겨봐야 할 것 같습니다.

당신-
우리의 이성이 자라고 내 속에 자리한 정념이 커감에 따라 그리워졌던 한때 그것은 "사랑"이 아닐까요?
흔히 인간은 "사랑을 먹고 사는 동물"이라고들 합니다만 염세주의 철학자 「쇼펜하우어」 조차도 거부하지 못했던 인간의 행위-그것은 사랑의 행위였으니까요. 아름다움을 가장 많이 갈망하던 시절이 지나가버린 듯한 내게 다시 한번 사랑할 기회가 있고 그렇게 된다면 나는 「뷔니큐스」가 「리지아」를 사랑한 그 사랑을 원하겠습니다.
"병을이고 바란 꿈을 풀고픈 마음의 언덕이 그리운 내겐 그들의 사랑이 너무나도 강한 인상으로 「어-필」 합니다. 당신도 한번 쿠오바디스를 읽으신다면 아마 읽으셨겠지만 다시 한번 읽으신다면 훤히 그들의 사랑을 알 수 있을 것 같습니다.
오 로마가 늙고 병들어 썩어가지만 그들의 사랑은 너무도 청순한 한 송이 백합 같았으니까요.
여름의 무더위가 지겹게 나의 영혼을 괴롭히지만 않았다면 지금 이렇게 회한에 가득한 사랑을 되뇌지 않아도 되었을 것이련만-.

당신-
어린 날의 나는 양친의 情이 너무나 아쉬운 가운데 지났습니다. 줄곧 아버진 객지에서 생활하셨으며 내가 철이 든 무렵부터는 어둠이 온 누리를 덮고 밤이 깊어지지 않으면 양친을 볼 수가 없게 되었지요. 새벽 내가 잠이 깨기 전에 벌써 양친께선 별빛에 길을 밝히며 일하러 나가셨으니까요. 해서인지 나는 몰래 고독이 내 몸에 배었고, 우울이 내 영혼을 덮어 마침내는 그것이 하나의 나의 취향으로 결정되기에 이르고 말았습니다. 진실로 사랑을 받아보지 못하고 사랑을 나누어 주기엔 나의 내면이 너무나 공허했던 것이죠.
이런 얘기 당신에겐 어울리지도 않는데 자꾸만 지껄이고 있는 자신이 이상해지는군요.

이제 저 달빛 아래 나의 일을 할 수 있고 나의 시간을 가질 수 있는 게 무척 다행으로 생각됩니다. 물론 가지 말라고 굳게 이애기 해놓고 보내야 한다는 것과, 보내놓고 선 못내 그리워하며 아쉬워한다는 것은 정말 모순인 줄 압니다. 그러한 모순 속에서 방황해야 하는 종호는 어쩌면 영원히 사랑이란 걸 모르고 세상을 하직할지도 모릅니다.

마음에 가득히 부어지는 이 많은 孤寂을 어떻게 씻어야 할지 어떡하면 내 속에 깊이 스며든 이 그리움이란 게 사라질 수 있는지에 적잖이 고민을 하고 있습니다. 어느 정도 잊혀가고 순화된 감정을 가지고 기도하지만 아직 뿌리까지 뽑히지 않은 여러 양상의 모습들이 때때로 내 마음을 심히 괴롭힐 때가 있기 때문이죠.

당신도 다음과 같은 영국의 속담을 알고 있으리라 생각합니다.

"첫째 술잔은 갈증을 잊게 하고, 둘째 술잔은 영양이 되고, 셋째 술잔은 유쾌한 기분을 준다.

그러나 넷째 술잔에 가서는 사람을 미치광이로 만든다."라는--

나의 잊을 수 없는 실수 중의 하나가 곧 술에 대

한 것입니다.

실로 근심하며 괴로워하는 자에 있어 한 잔이란 좋은 것일 수 있습니다. 한참 땀 흘려 일하고 난 후의 한 잔은 갈증을 가시게 하고 유쾌한 기분을 줄 수 있는 것입니다. 마음의 기쁨이 될 수 있는, 더 깊게 해주는 한 잔이 없는 것 아닙니다. 그러나 내게 있어 씻을 수 없는 후회는 넷째 잔을 먼저 요구했다는 것입니다. 취하여 쓰러진 그 자리에서 영원한 잠을 자기를 원했던 것입니다. 나를 보는 당신의 눈에 눈물이 가득해지기를 원했지요. 그래서 공허한 웃음을 터트리고 끝내는 모든 일에 대해 조소해 버렸지요. 인생 그 자체를 비웃어버린 것입니다. 사랑도 비웃었지요. 영원을 부정해 버렸습니다. 가장 깨끗하고 순수하여야 할 내 영혼을 흔들어 그 위에 자학의 관을 씌워주었습니다. 취해 비틀거리는 나의 꼴을 스스로가 보길 원했지요.

미치광이 네로가 불타는 로마를 보고 감상적인 시를 읊조리듯 비틀거리는 세계와 가장 적합하다고 생각하고 모든 것을 동원하여 내 행위를 변호하도록 최선을 다했습니다.

"술잔은 당신의 흩어진 마음을 가르쳐준다고"라고 독일 속담이 지적했듯이 내 속의 진리를 사랑하는 마음이 소멸되고 진실과 선한 것이 존재하지 않도록 내 마음의 상태가 어지러웠기 때문에 그렇게 되어 버렸겠지요. 그러나 아직 분명한 것은 옛날의 종호가 진실한 소망을 잊지 않고 있다는 것입니다. 진실로 "많은 사람들이 공포와 위급과 그리고 내일의 불안을 미소로써 감추고 있다"라고 한 말은 맞았습니다. 그래서 "폭풍처럼, 선풍처럼, 회개처럼, 전쟁처럼, 그리고 전념 병처럼 사라져 없어졌어야" 했던 종호였습니다.
오! 넷째 잔을 구했던 종호에게 하나의 가슴 아픈 회한이, 두려움이, 그리고 말할 수 없이 부끄러웠던 지난날이 있었습니다.

그러나 오! 당신이여!
이별도 거짓도 배신도 없는 사랑이 사랑을 통해 결코 늙지 않고 노하지 않고 죽지 않으며 젊음과 아름다움이 사라지고 육체가 허약해지고 마침내는 죽음이 닥쳐온다 할지라도 영원히 남게 될 사랑을 영원한 그것이 행복임을 아는 당신이여! 눈앞에도 평온한 바다가 있어 그 위에 조그마한 배를 띄워 조용한 물결 속에 그물을 던지는 모습이 보이고, 정원에선 하인들이 살구나무 그늘 밑에서 모여 노래 부르고 당신은 내 옆에서 길쌈을 맨다면 이건 너무나 낭만적인 몽상일는지요.

오! 이제 이러한 꿈을 잃어버린 종호는 심연을 향해 서두르고 있습니다. 알 수 없는 무역인지가 기다리며 발밑에선 무엇인가가 부서지고 있으며 주위에선 무엇인가 소멸되어가고 있습니다 행복을 찾는 당신이여! 지상에서의 최고의 행복은 이런 것이 아닐는지요. 인용되는 말이 나의 생각 중의 생각입니다.

- 아아! 「리지아」 서로 사랑하며 이해하며, 같이 바다를 보고, 함께 사랑의 신을 찬양하고, 조용히 올바른 일과 성실한 일들을 해 나가는 것은 얼마나 즐거운 인생이겠습니까?

당신은 나의 영혼 중의 영혼-

이 세상에서 내게 가장 귀한 존재입니다. 두 사람의 영혼은 함께 고동을 치며 그리스도에 대하여 기도와 감사를 올립니다.

같이 살고, 같이 자상하신 하나님을 숭상하고 비록 죽음이 닥쳐온다 해도 두 사람의 눈은 행복스러운 잠에서 깨어난 것처럼 새로운 광명을 향해서 뜨게 됩니다.

부디 찾으십시오. 그리고 소유하십시오. 해서 영원

히 누리시길 기원합니다. 행복은 가까이 있는 곳에서 찾아지니까요.

아! 내게 파괴된 단면을 소유케하신 하나님께 영광의 있으시길 원합니다. 인간이 당신을 찾으시기 전에 당신이 먼저 사랑의 모습으로 인간을 찾으심을 감사하나이다.

조건을 붙이지 않고 절대적인 당신의 주권을 행하시는 당신께 영광이 있으시길 원합니다.

인간으로 하여금 자신의 양심에 비추어, 이성의 준엄한 판단에 의해서, 그래서 자기에게 맡겨지신 삶을 충실히 다하도록 하시는 당신의 능력이 세세토록 찬양을 받으소서. 인간의 삶을 위하여 철학을 주셨고, 문학을 주셨으며, 정치, 경제, 미술, 과학을 주신 하나님께 영광과 찬송을 올리나이다. 종교를 허락하시되 당신의 말씀을 허락하시길 결코 늦게 하시지 않으신 하나님 당신이여! 인생의 풍요와 아름다움이 당신을 찬양할 때 무한한 기쁨이 있게 하소서. 자연은 아름답고 위대한 모습이 있으며 많은 신비와 긍휼을 소유하고 있습니다. 생명을 - 생성되나 소멸되고, 인간은 희비를 맛보아도 자연은 예나 다름없이 따뜻한 빛과 지상의 모든 풍요를 잊지 않습니다.
오! 신의 자비와 긍휼과 사랑이여!
그리스도를 통해 우리에게 나타나신 바 되었으니 성령을 통하여 저의 마음에 역사하시는 은혜를 감사하나이다. 당신의 약속은 반드시 이루어지며 당신이 하시고자 하시는 일을 방해할 자가 아무도 없나이다.

당신! 이제 나의 긴 독백을 들으신 당신이여!
이별은 모든 사실을 미화시켜준답니다.
사랑도, 미움도, 온갖 불행까지도-
그것은 정결한 기분이나, 달콤한 감상이나, 아름다운 환호에서 꽃 피기보다는 깊은 회오와 반성과 이해 속에서, 또는 높은 이념과 갈망과 사랑으로 열매 맺어져야 됩니다. 꽃보다 더 맑은 인생의 시련을 거쳐 비로소 열매 맺어지는 것이 것이 진정한 시가 아닐까 하고 반문한 사람도 있더이다마는.

오! 이제 미친 듯 살고 싶기에 미친 듯 사랑하고 싶기에 미치듯 추구하며 생각하고 싶기에!

「죽는 날까지 하늘을 우러러

한 점 부끄럼 없기를
잎새에 우는 바람에도
나는 괴로워했다.

별을 노래하는 마음으로
모든 죽어가는 것들을 사랑해야지
그리고
나한테 주어진 길을
걸어나가야겠다.
오늘 밤에도 별이 바람에 스친다」는
[윤동주]의 시를 되뇌어 봅니다.

1970년 2월 21일

해운대에서의 내 戀人

박순식

숙!

세월이란 참말 빠른 거군

- 몸소 체험해 보지도 않고 함부로 시부렁거리는 거고 -

하나

정말 세월은 빠른 거군

숙을 본 지도 벌써 2달이 흘렀군

그때가 바로 어저께 같은데.. 아마 그날은 또 하나의 나의 추억의 한 토막이 되었다고 생각해

숙이도 기억하겠지만...

그때의 한여름의 무더운 태양도 그 뜨거운 정열은 작열하던 때가 지나 이제 서산마루에 걸려 가을을 재촉하며 울먹이고 있을 때

가을이라고 불러도 좋을지 모르는 때. 조용한 마음으로 해운대의 전설을 따라가고 있었지.

숙!

역시 해운대의 전설 속을 헤매고 있었지. 순간 난

해운대의 정열이 담뿍 담긴 동백섬의 전설을 벗어나기도 어려운 처지에 놓이지 않으려면 안될 순간이었지. 난 서서히 역경을 헤어나려 하였지.
그러나
다음 순간 역시 난 해운대의 전설 속을 헤어나지 않으면 아니 되었지. 누가 보면 아마 해운대 전설 속의 한 인물이 아닐까 하고 깔깔 웃었을 거야.

숙이!
숨길 수 없는 이중의 한 인물. 하나 난 그런 건 아예 뇌리 속에서 생기지도 아니했단다.
서서히 폼을 재면서 사돌아 다닐 땐 나도 사실은 해운대의 파도가 원 없이 날 사랑하고 있다고만 생각을 했단다.

숙!
역시 해운대는 여러모로 추억에 남을 만한 많은 곳인가 보군. 그동안 뜨거웠던 태양은 땀을 흘리며 자취를 감추었고 달아나는 꼬리만 보였지.
아마 나는 나의 모습을 보곤 기절초풍을 하여 달아났나 보군. 역시 초가을이라 해도 좋을 땐가 보군

숙이!
이제 계절이 다시 바뀌어 갈 때가 다가왔군

또 하늘 같은 초가을의 한낱 추억이 채 뇌리를 떠나기도 전에 이제 다시 겨울을 맞이해야만 하는가 보군 천고마비의 계절이 다 지나가고 이제 다시 엄동설한의 계절을 맞이하여야 할 순간이 다가왔나 보군
하나

숙!
겨울이라고 해서 해운대의 전설을 찾지 못할 때라고 할 수 없으니까요.
겨울이면 또 겨울대로의 새 멋이 나겠지.
한번 다시 겨울의 해운대 전설 속에서 또 하나의 추억을 만들어 놓고 싶군
그렇지 않은가?

숙!
이제 하루의 해도 저물어 고요한 밤이 다가오고 있군.
세상이 모두 잠깐 잠든 적막한 밤.
밤하늘의 무수한 별들만이 반짝이며 고독한 마음 달래어볼 길 없는 이 고요한 밤.
나에게도 밝지 않은 밤이, 그리고 피로가 겹치는 그러한 밤이 왔으면 하는 마음 간절하군.

숙이!
이 밤을 재미있는 자연 안고 즐거운 일들을 속으로 뇌까리며 아름답고 황홀한 죽음 같음 꿈속을 헤매고 있겠지.
난
그게 좋아. 마음대로 꿈을 꿀 수도 있는 밤이 되길--- 피곤한 몸을 끌고 빨리 꿈길에서 숨 쉴 수 있었으면 하는 마음 간절하군.

숙!
나도
저 하늘의 반짝이는 별을 세지 않고 어느 별이 내 별인가고 찾지도 않고, 고독한 마음 달래기 위해 창가에 앉아보지 않아도 될 밤이 왔으면 하는 마음 간절하단다.

숙이!
해운대의 전설의 꿈을 꾸어보지 않을란가?
해운대, 해운대의 전설을 말이다.

그럼 이 밤도 안녕해야겠군

란에게

박우영

란!
가없이 펼쳐진 허공 너머로 하얀 솜털 구름 한 점이 조금씩 조금씩 굴러가고 있는 마치 파도 없이 잔잔한 바다에 사공 없는 돛단배가 바람 부는대로 나부끼듯이 흘러가고 있는데 서산마루턱에 깔린 햇살의 섬광은 누런빛을 발하고 시야에 펼쳐지는 자색 연기가 한층 고요와 적막의 명상 속의 자아를 찾아 란을 부르는 시간이구나.
붉게 타오르는 낙조의 그림자가 아래 내 가슴에 폐허 된 채 통나무처럼 쓰러져 눕고 차츰 어둠이 지면에 깔리는 노을의 그림자는 한층 란 너를 부르게 하는구나..

기나긴 추억에 맘 켕기는 날에 다시 눈 들어 시공을 바라볼라치면 란의 환상은 파노라마처럼 펼쳐지고 포도송이처럼 알알이 박힌 모래사장에 밀어를 익히며 되뇌는 사연 있어 바닷가 소라의 전설로 찾고 너와 나의 시간이 그어준 차원 속에 생념은 다른 차원의 역사를 잉태 시켜 주는구나.

란!
한없이 펼쳐진 백사장 위에 전설을 아로새길 너와 나의 발자국을 찍으면 우리의 소망은 사랑으로 느껴 질까? 함초롬히 이슬 머금은 아침 햇살에 비친 치자 꽃처럼 우리의 사랑은 향기롭게 피어날까?
무작정 그리움이 엄습하여 오는 시간은 무작정 걷고 싶고, 무작정 보고파 짐은 내 마음이 이온 상태 인가보다.

란아~
외로움은 명상 따라 차츰 짙어오고 마음은 더욱 채색되어 그리워 올 뿐인데 란 너의 내려진 유리창 커튼 너머로 미소는 소리 없이 미끄러져 내려 나의 망막에 맺혀 오고 있구나. 투명하게 내려가는 해는 밤의 정적을 따라 란아! 그리움은 한층 더해 가고, 마음속에 흐르는 심혈은 너와 나의 대화처럼 조용한 호수에 그림배를 타고 미끄러져 가는구나.

란아!

언젠가 말했어 "신은 정녕 우리의 만남을 허가하지 않는가 보다"라고~
진정 너와 나의 인연은 멀리 두고 그리는 두 섬처럼 만나려도 그리워만 해야 하는 진정 아름다운 추억의 외로움이요 아름다운 동경의 그리움인가 보다. 하늘이 열리고 지상의 모든 평화로운 파라다이스가 펼쳐질 때는 신은 정녕 우리의 만남을 기꺼이 허락해 줄 거라 믿어 마지않는 거야. 또한 그날이 오길 손꼽아 기다리는 거야. 그러나 그 역적인 순간이 언제인지는 우리 모두 모르고 있는 거야. 언제라도 신의 하명을 기다리고 있음만은 너나 나나 마찬가지가 아니겠는가?

란아!
지금은 네온의 물결이 망막을 적시는 시간이구나. 나는 등불을 끄고 창가로 간다. 그리고 커튼을 젖히고 창문을 열고 고요가 깔린 뜰을 바라보며 노래나 부르련다. 네가 항시 즐겨 부르고 내가 항시 좋아 듣던 마음의 노래 "불 꺼진 창" 을 말이야. 고요히 흘러가는 멜로디 따라 나는 또 명상과 사색의 차원을 펼칠까 싶구나. 물처럼 흘러가는 음률을 따라서…

란아!
이제 그만 새기고 조용히 자리에 들자꾸나. 그리고 조용히 "불 꺼진 창"을 부르고 듣고… 2차원의 시점에서 우린 서로 꿈을 꾸는 거야. 아름다운 꿈을 말야~ 이제 꿈속의 란 네가 나를 부르고 있구나. 나는 침대에 등을 묻고 너를 따라 한없이 떠나고 있다. 우리 3차원에서 기꺼이 맞이하자. 그럼 또 꿈결에서 만나자꾸나.
란의 베갯머리에 영의 기도를 올리며 안녕이라고~

1969.2.20

영아가

언젠가 만납시다

박우영

이 밤 따라 달빛은 너무 초라하기만 하다. 자리를 박차고 일어나 창으로 다가가 초라하게 비치는 달빛의 영상을 맞으며 창문을 드르륵 연다. 고요가 삽시간에 깨어지며 침묵과 암흑의 교점에서 혼란스러운 공간에 허한 마음의 설렘이 달빛을 조소한다. 너무도 조용한 날들, 너무나 벅찬 감정, 그리고 또 너무나 기구한 운명의 갈림길에서 고독을 벗 삼으며 달빛 속으로 무언의 독백을 나누는 자신을 인식하고는 정말로 초라함을 느낀다.
꽃같이 고운 달빛이 창에 가득 흘러넘치고 밀어 익어가던 지난 시절의 오곡처럼 익어가던 청춘의 꿈을 오늘도 되뇌어야 하는 인연이라서 나 혼자 그대에게 사랑을 속삭인다.
내 소녀 내 귀여운 소녀를 향하여~

그리고 잔잔한 바다가 보이는 해변에서 짭짤한 소금 내음을 맛보고 거품을 토하는 파도 소리 들으며 내 연인을 생각한다.
까마득한 옛날 잊어버릴 수 없는 동심에서 날이 갈수록 생각나는 사람이 있다면 우정과 애정의 갈림길에서 멀리해야만 했던 연인이 있었다면, 그리고 나는 종일 그 연인을 생각하는 것만으로도 행복감을 느낀다고 한다면 사람들은 뭐라고 말할까?
꿈속에서도 간혹 볼 수 있는 내 앳된 소녀~
지금 열린 창을 통하여 먼 수평선을 바라보며 두 어깨에 月光을 받으며, 星光에 빛나는 눈동자에 그대의 미소와 웃음으로 반기는 환상을 보면서 나는 기나긴 망상의 꿈속에서 명상을 날리며 독백을 나눈다.

내 소녀여!
한 가닥 소망이 가시기 전에, 이 생명 다하기 전에 한번 단 한 번만이라도 당신이라 불러 보고 싶어짐은 어리석은 나만의 꿈이련가?
꿈길과 낭만이 숨져간 지난 한때, 그리고 항상 그대를 사랑했던 지난날들을 오늘도 한숨 쉬며 두 눈동자에 그대를 그려본다네.
내 어찌 그대를 잊으리오.
그대 내 어찌 반기지 않을 수 있으리오.

이 생명의 종착역에서 저 생명의 시발점을 향할 때까지 마음은 그대와 함께 하고 있다는 행복감을 느끼려 하는 것을 욕하지 말아주시게. 어쩔 수 없는 운명 속에서 나날을 되새기며 오늘도 당신의 영혼에 내 영혼을 불살라 버리고 싶어져 헛된 공상을 날린다오.

이제 조용히 창문을 닫고 자리에 다시 들련다. 그리고 한참 아니 한 시간이고 열 시간이고 두 눈동자를 천정에 고정하고 그대의 이름을 부르며 그대를 찾으려 하오.
꿈속에서나마 다정히 웃음으로 맞이하여 행복한 순간들을 이어가 영원한 행복을 잊지 말길 소원하오. 그래서 지금 다시 조용한 침묵 속으로 두 입술로서 그대의 이름을 부른다오.
●●아~ 하고.
부디 당신의 행복을 소원합니다.
언젠가 만나는 날을 소원합니다.

1969.10.12

영아로 부터

[르뽀]

準監房 描寫

조흥복

똑같은 사회 속이지만, 사회의 정상적인 態樣에서는 볼 수 없는 다양한 세계를 우린 도처에서 볼 수가 있어 이름하여 別天地.
개중엔 통상적인 별천지인, 의미대로의 초 쾌락적이고, 초 흥분만이 있는 나쁜 건지 좋은 건진 모르지만 여하튼 美의 세계가 있고, 반대로 보기가 괴로운 지경인 惡의 세계가 있다.

"살다 보면 별꼴 다 본다"라는 식대로 얻기 힘든 기회를 가져서 準監房 생활을 만 하루 동안 하게 된 적이 있다. 이제 그 내부의 動、靜的인 면을 대담무쌍하게도 적나라하게 고발키로 한다.

1) 명칭이 대기실이지 準監房은 內도 없지만 內 하나 들어 놓았으면 알맞을 공간을 두고 한쪽은

1.5평가량의 여자실, 이족은 3평가량의 남자실. 남자가 통계적으로 罪(위반)을 많이 짓고 한다는 증거이리라. 좌우지간 「E」 모양이다.
벽엔 1평 되는 공간이 있고, 그 공간은 20cm 간격으로 쇠창살이 연이어 내려서 있다. 그쪽 편은 여기와는 또 별천지 격인 숙직 경관실, 겨울에도 여긴 난로가 없어도 거긴 36구공탄이 활활 타 오르는 곳.

여기 3평 됨직한 남자실엔 그렇게 비인격적으로 처넣다간 내 생각으론 100명도 족할 것 같다.
준감방 내엔 소독이라곤 안 하는 모양. 퀴퀴한 악취 속에서 살찐 빈대들이 완전한 그들의 세력 판도를 형성하고 있다. 청소는커녕 소독도 안 했을지 모르겠다. 대. 소변은 실외에서 하는데 꼭 유도나 당수 깨나 했을 경관을 따라 부치는 게 기특하다.
食水는 예의 그 철창문 틈 사이로 손을 뻗쳐서 별천지인 숙직실의 책상에 있는 주전자의 물을 마치 '개새끼" 같이 따라 먹어야 했다.

2) 죄인 호송차의 넓이는 대략 1평 반 정도. 적어도 30명 이상은 탓이리라. 거기선 남녀노소의 분

별은 아예 없다. 거기서 내 앞에 어떤 소녀가 올랐는데 키는 中 정도. 위의 쇠줄을 잡으려니 약간 어색했겠다. 그래서 내가 "꼭"은 아니지만 살며시 안아줬었다. 너무 세밀히 내외부의 상태를 물을 필요는 없다. 문이라고는 운전대 쪽으로 나있는 가로 20cm 세로 15cm 정도의 손바닥만 한 것뿐. 다 타고나면 이런 세계에서만 흔히 쓰는 묵중한 자물쇠로 철컥인다.

3) 심판장의 대기실은 「메네 터· 투· 메네스 브로드 캐스티」 어나운스 용어를 빌리자면 "입추의 여지없는 인산인해" 남녀노소-학생, 정비공, 도량형기상, 공장주, 회사원, 공원, 지게꾼, 가꾼, 쌀집, 공무원, - 직종도 골치 아프게 많다.
한쪽 구석엔 「마이애미· 비치」의 나체촌을 무색게 할 정도의 개방 변소가 있어 급한 사람들 "보인다"식의 소리엔 마이동풍 격인 같고, 소변은 과포화 상태를 넘었고, 소변은 싸는 대로 작은 川을 이룬다.

변을 보러 갈 때는 露江化戰이 필요하다면 딴 설명은 不要다.

이 생지옥 같은 곳에서도 褓負商들은 신이 나기도 했다. 출입구 쪽에는 이런 장사치들이 있어 톡톡히 재미를 보고 있기도 했다.

-헌 신문팔이, 가락국수장사, 사과, 계란 상인, 전화 대행업자-

사람이란 원래 평범한 곳에서는 비록 그에게 광적인 六甲氣가 있대도 표출되지 않는데 아마 별천지에 오면 그게 소질껏 발휘, 노출되는 모양이다. 그럼 이제부터 그 각양 각태의 미결수들의 모습을, 그러니까 준감방 내 동적인 면을 그려보기로 한다.

4) 친구 결혼식장 갔다가 기분 내킨 김에 앙코르 파티하고 오다가 걸린 어떤 아저씨는 工員 이었다. 손에는 답례용 크린업을 사례품으로 쥐고 있으니, 공갈 아니게 결혼식장 다녀오던 모양이다. 아직 술이 깨진 않은 새벽 3시까진 이 아저씨 배꼽 뽑게 했겠다. 세시 이후부터는 꿈나라로 직행했으니까 조용했었다.

- 어이 내가 꺽- 뭐 죄인이야? -꺽-난-꺽-친구 결혼

-꺽=식장에를-꺽-갔다가-꺽-기분도 그렇잖고 해서-꺽- 한잔 얻어-꺽-먹고-꺽- 왔다 이 말이야. -꺽-허허-이거 보라고 -꺽-이건 내 케이크(이 아저씨는 케이크라고 했다) 이란 말이야 -꺽-너무-꺽-그러지 말라고 -꺽-엉! -꺽-어-경관이면 다야? -어-꺽

그러니까 경찰관 한 분 있다가
이봐 지금이 어느 때라고 술 먹고 돌아다니고 있지? 술은 먹고 그래. 경관이면 다다. 너 같은 놈은 맛 좀 봐야 해. 경찰이 잘못한 게 있으면 절차를 밟아 시정토록 하면 될 것 아냐!

이때껏 기세 좋던 그 아저씨 풍선에 빠지듯 쑥 들어가며
- 네-꺽- 잘못-했습니다. 꺽- 오늘 기분도 -꺽 그렇잖고 해서 꺽- 한 잔 꺽-했습니다. -꺽- 용서합쇼-꺽-잘 부탁합니다 -네-꺽.
그러면서 연방 절을 굽신굽신 하더니만 한쪽 구석에 가서 주저앉더니 대단히 낙관적으로 다음부턴 말이 없다. 그게 잠자는 시초였나 보다.

5) 어떤 아저씨는 무슨 일 때문에 방앗간에 갔다

가 한 잔을 하고 집으로 오다가 12시 5분경 집 앞 30m 지점에서 잡혔다니 웃지도 울지도 못할 기괴한 연유.

- 학생도 나하고 같이 잡혔지만 생각해 보게나 이건 너무 하잖은가. 아무리 비상시국이라지만 30m 앞인데 잡다니.
사실 학생도 그렇게 생각하겠지만 과잉 단속이야. 물론 학생이나 나나. 그런데 다음날 아침 다른 사람은 그만두고 자꾸 나만 조서 검사하던 경찰이 부른 적이 있었다. 그게 뒤에 안 일이지만 육촌형이 친한 영등포서 수사계장에게 부탁해 놓은 거란다. 그러니까 이 아저씨 험악한 안색을 잦은 표정으로 짓더니 나에게 전화번호와 주소 등을 적은 쪽지와 함께 10원을 주는 것이다.

- 학생! 학생은 나가게 되는가 보오. 난 갑자기 붙들려와 집에서도 모를 테고 그렇다고 연락할 길도 막연한데 학생이 나가면 좀 수고해 주겠소?
그러나 난 나가지도 못했고 미안하게도 10원짜리 한 장은 간단히 먹은 결과만 낳게 되었다.

6) 어떤 청년 하난 고급 깡패 비슷했는데 그 氣質, 특기를 여기서도 살렸다.

-씨발 민주경찰이면 이건 너무 하잖아. 통금 위반이면 죄라고 할 수 없잖아. 이거 너무 심하게 하는데. 야. 이거 이러지 말 자우.

- 야! 어느 새끼야 아가리 닥치지 못해! 자식들!

- 이 xxx 씨발. 우리가 새끼 면 너도 새끼다. 어디 잘해 보자. 이 xxx 씨발. 더러워 죽 갔구나. x xxx 씨발.

숙직 대장인 듯싶은「 버크 셔」타입의 모 경사. 大喝

- 야! 저 녀석 끌어내. 저 새끼 맛을 덜 봤구나.

한데 이치 끌려갔다 와도 그 기술은 변할 줄 모른다.

- 좋다. 이 새끼들 지금은 이렇게 있지만 내가 나가면....

즉결 심판장에서 이 청년하고 나는 제일 친하게 지냈다. 26살인가 되는데도 내게 꼭 존댓말을 써 주었고 잘 땐 서로가 기대서 자기도 했다. 추측건대 경찰과는 전생의 원한관계가 있는 것 같았다.

이 친구는 여관에서 자다가 바람 쐬러 나왔는데 잡혔다니 실로 기도 차지 않다.

7) 또 한 친구. 그는 자동차 정비공인데 사유는 통금 위반이었다.

결혼식 다녀오다 걸린 아저씨 답례품을 슬쩍
- 어디 케이크라도 들었으면 말 x 탱고는 거 아냐.
그러자 한 점잖은 신사 있다가
- 이봐 그건 「하이 타이」일쎄. 뜯어보나 마나야. 그대로 두게.
아랑곳 없이 뜯고만 있다가 「크린업」 外皮가 나오자 얼굴에 靑 핀 핏기가 싹 가시며 지레 능청이다.
- 아저씨 이거 떨어뜨리고 주무시네요. 이거 아저씨 거 아닙니까?

술이 Scrrw Driver가 돼서 떨어졌는데 깰 리 만무다. 그러니까 이치 그 아저씨 잠바 「저 크」를 내리더니 그 속에 조심스레 넣어주고 채워 넣더니, 무슨 發作도 아닌 것 같은데 갑자기 구석으로 돌아앉더니 술 먹었던 게 이제 효력이 나오는지 쭈그려서 게우기 시작한다.
그 꼴 진짜 가관이었고 도무지 볼 수가 없는 황당한 현실이었다.

8) 개중엔 이런 말에 편한 놈도 있었다.

- 혹시 누가 화투 가지고 있는 분 없소? 이거 영 심심한데 뽕이나 한판 합시다.

고급 강패 비슷한 그 청년 바로 귀를 번뜩이며 응수!

- 아 나한테 있긴 있는데 허 한데 그게 반뿐인 것 같구먼.

- 반이라도 있으면 됐소. 이리 오시지.

그러자 몇 명이 몰려오더니 자는 사람 다리를 쳐 밀어놓고 선 적당히 장소를 만들더니 시작한다. 반으로 뽕이 되나 첫판에 안되니까 그놈

- 허 뽕은 안되구먼. 그럼 우리 섯다로 조지지. 섯다 정도야....

그런데 이 화투판이 언제 끝났는지 여하간 매우 시시하게 산회되어 버렸다. 내가 산회된 것을 의식했을 때 그 녀석은 그 적당한 장소에서 뻗어있었다. 이 사람은 직업이 일정치 않는 날품팔이였다.

9) 내가 잡혀갈 땐 내게 담배가 한 가치도 없었다. 하다못해 공초라도, 경찰 대기실의 한쪽 벽에 기대 앉아있는데 옆의 어떤 아저씨가 와 앉는다. 물론 그 사람이 오기 전에 다 앉아 있었지만. 여긴 내

자리, 네 자리의 분별이 아예 없기에 앉으면 임자가 되는 것이다.

이 아저씨 담배 꺼내 무는 새에 실례를 무릅쓰고.
- 아저씨 죄송하지만 담배 있으면 한 대-
이 아저씨 날 힐끗 보더니만 손이 안주머니로 쓱. 한대 준다. 친절히도 불까지 붙여주는 것이 살만한 태도였다. 이 분은 자기 洞에 예비군 소대장으로 있는 아저씨자, 商業을 하는 아저씨였다

6.25 땐 上士로 平北 寧山까지 진군한 역전의 용사이기도 했다. 이 아저씨 덕택에 6.25에 얽힌 敵, 我軍의 비화도 듣는 맛 나쁘지 않았으나, 무엇보다도 그 필터 달린 담배를 얻어 피우는 맛이 좋았다. 아마 5개비 정도는 피웠으리라 싶다.
새벽 4시쯤 이 아저씨 심심해하는 것 같아 가방에 들어있던 "The ananlusis of Communist Warld"라는 사상 책을 건네주었다. 그게 대중잡지였다면 일사천리로 독파했을 것인데 몇 페이지 보더니만 잠시 넣어두라는 것이다. 그 잠시 넣어두라는 말이 어쩜 그렇게 의미가 신비스러웠던지… 이 아저씨 종내 책에 대해선 언급도 없었다.

10) 이 아저씨도 Groggery가 되어 온 아저씨였다.
- 이봐 그래 민주 경찰이 그 꼴인가! 그래 우린 떠들면 안 되고 너희들은 떠들어도 좋단 말이지.
- 나 나가기만 하면 각오하라고. 이래 봬도 우리 00가 市警 xx 국장이란 말이야. 하여간 O.K다.
-X XXX씨발. 개 X이 민주경찰이지 좆 X까지도 사다.

경찰관들이 여기저기서 야단(?) 치고, 또 이 아저씨 자기 말해 봐야 장광설 내지 과대망상 밖에 안 됨을 깨달았는지 한참 후에야
- 이런 델 오면 자두는 게 제일이야. 씨발 누가 안 잔다고 깨워주나.
고 하면서 땅바닥에다 사지를 뻗는다. 입고 있던 코트가 이불 대용이 되는 건 어쩔 수 없이 당연하다.

11) 여자실에 영치되어 있는 여자들 중 하나. 아마 소녀도 이런 델 오면 무척 대담, 담대해지는가 보다.

남자들의 소요가 싫어서 인지 또는 이성으로서 남자를 자극하기 위해서였는지 혹은 발성, 발음 등으로 자신의 가련한 존재를 의식해 보자는 별천지의

꿈에서였는지는 모르나 심심찮게 소리를 내곤 하였다.
- 좀, 조용히 하세요. 잠을 잘 수가 없어요.
분명 잠 안 자기에 심심찮게 소리를 질러보고 했을 테고, 또 아침에 호송차로 실릴 때 잠잔 痕跡이 없었던 걸로 봐 판단컨대 제2자가 그녀의 심리적 상태를 설명한 이유로서 온당하리라 確停 된다.

12) 즉결심판장에 가면 호명원들이 있다. 김 00 ! 박 00 ! 하고 부르면 불린 사람은 가서 자기의 벌이 얼마로 落着 되었는지 보고, 만약 구류일 때는 심판이 완료되고, 해당 署로 이송될 때까지 기다려야지 암. 벌금일 때는 돈을 내고 해방이 된다.

- 동대문의 김 00, 동대문의 김 00!
한쪽 구석에서 담배를 거의 필터가 탈만큼 악착스레 빨던 김 00, 급히 사람을 헤치고 간다.
- 김 00 벌금 2,000원입니다.

그분 주머니에서 즉시 돈을 꺼내 세어주니까 호명원 옆에서 의자에 앉아있던 경찰관 나리께서 다시 검사. 틀림없으니까 손짓을 한다.

- 석방이다.

- 서대문 박 00 서대문 박 00
땅바닥에 쭈구려 앉아서 보부상이 파는 10원에 살 수 있는 사과를 하나 사서 마치 개가 뼉다구 할 듯 재걸스레 먹고 있던 朴氏, 먹던 사과 팽겨쳐버리고 급하다.
- 벌금 1,500원입니다.

주머니를 뒤져서 쓸어보니 돈이 1,400원이다. 경관나리 세어보더니 돈을 다시 반환. 손짓은 동대문의 김 00와는 반대 방향이다.

- 영등포의 조 00 영등포의 조 00
개방 변소에서 소변을 갈기던 조 00 단추도 채우지 않고 나를 듯 갔다.
- 조 00 벌금 1,000원입니다.

- 벌금 1,000원요? 지금은 없는데요
이번엔 경찰관의 손짓은커녕 눈짓도 없다. 호명원은 다음을 부른다.
- 종로의 이 00 종로의 이 00

쓰다 보니 매우 길어졌다. 이제 하나만 더하고 끝맺으련다.

13) 그런 아비규환의 수라장인 양 대기실에서도 감히 어느 쪼다도 못할 책을 그것도 대중성이란 秋毫도 없는 전문서인 자유주의를 읽으며, 도는 芯이 부러진 연필로 무얼 끄적거리는 작자도 있었다. 때에 따라서는 심오한 사색의 세계로 꼴불견 스레 잠입되기도 했다. 살 길 연구하는데도 시간이 모자랄 순간들인데 무슨 살판났다고 메모 까지 하며 사상 서적을 읽으며 상념에 잠길 수 있을까? 조국의 비운 같은 것이 아닐까? 더욱이 그게 趙興馥이라 하며 통금 위반으로 끌려온 어떤 녀석의 경우에 着 한다면 어쩜 13번의 각양각태의 준감방 내 인류의 한 나열은 너무나도 충격적으로 황막한 아픔이 아닐 수밖에는 도저히 없을 것이다.

1968년 12월 7일

[단편]

離別의 파란 글씨

박우영

창 너머로 낙조가 붉게 타오르고 있는 초여름 저녁 7시 35분. 담배연기가 파랗게 곡선을 그리며 천정을 향해 춤추고 "레코드"에서 흘러나오는 "바닷가에서'의 조용한 멜로디가 한결 꿈속 환상을 헤매게 하는 "앤"다방 도어 맞은편에서 영준은 아까부터 도어 쪽을 연신 바라보며 누구를 기다리고 있었다. 날카로운 코와 찬란한 눈빛만은 잃지 않고 있었지만 어딘지 모르게 표정은 수심에 가득 차 있었다.

시계를 연신 들여다봤다. 야광 시계의 시곗바늘은 8시 5분 전을 가리키고 있었다. 이젠 그냥 가만 앉아 있지만 못했다. 그만큼 그의 마음은 흥분하고 있었던 것이다. 테이블 위에는 팔각형 성냥갑과 반갑쯤 피운 "파고다"가 뒹굴고 있었고 재떨이에는 담배꽁초마저 뒤집혀 있었다. 다시 영준은 의자에 앉아 테이블에 기댄 채 양손으로 얼굴을 가렸다. 담배 연기는 천정에서 두어 바퀴 돌다가 하염없이 창으로 빠져나갔다.

그러니까 3년 전 영준이 제대를 3달 앞두고 휴가를 나온 1월이었다. 삭막한 북풍이 모질게 귓바퀴를 울리고 새하얀 함박눈이 펑펑 쏟아져 내렸다. 귀대를 하루 앞둔 1월 5일 준은 가슴의 공허를 메꾸기 위해 항상 찾아드는 곳. 푸른 파도가 뿜어내는 포말을 벗하며 마음의 고독을 풀고 외로움을 달래며 젊음의 낭만을 만끽하던 곳이었다.
그래서 옛날의 낭만을 기리기 위해 찾아온 것이다. 해운대 백사장을 힘없이 걷는 영준 앞에 힘없이 앉아 머언 수평선을 바라보며 연신 한숨만 쉬는 여인이 있어 준의 발길은 그 여인의 곁으로 가고 있었다.
"실례지만 여기 같이 좀 앉아도 될까요?"
조용하면서도 힘 있는 준의 말이었다. 여인은 꿈에서 깬듯한 시선을 준에게 던졌다.
"네에? 네?"
나이는 22어살, 얼굴은 둥글고 진한 눈썹 아래 맑은 눈동자가 곱다고 생각하며 준은 그녀 옆에 앉았다 서산에 걸린 햇살은 그녀를 간지럽게 비치며 사라져갔다.

멀리 희미한 수평선 아래 통통선이 남으로 향하고 이따금 아베크족이 모래사장에 나란히 발자국을 찍고 있었다. 파도는 하얀 거품을 토하며 백사장을 기어오르고 갈매기가 한 마리 머리 위에서 맴돌다 날아가고 있었다. 북풍이 휘익 여인의 머리카락을 스쳐 지나갔다.

"수평선이 너무 희미하군요"라고 준은 말을 끄집어 내었다.

"수평선은 내 마음의 그림자 같아 좋습니다" 그녀는 말을 받았다.

"고독을 즐기는 것 같군요."

"고독은 나의 절규이니까요."

"그럼 해운대는 자주 오세요?"

하며 마치 준은 자기의 맘과 비슷하다는 걸 느꼈고 그녀에게도 해운대가 고독을 푸는 장소로 생각하게끔 그렇게 물었다. 그리고 어딘지 모르게 애수의 그림자를 읽으며 잊을 수 없는 여인상이 되었고 자기의 마음이 끌려옴을 어쩔 수 없었다.

"가끔"

"저도 가끔 여기를 찾아 고독을 삼키며 외로움을 달래고 있습니다.
내일 휴가의 마지막 날이라 이곳에 들렀습니다. 3개월 후에 제대하게 되니까 그때는 따뜻하고 꽃 피는 봄이 되겠지요. 지금은 너무 삭막합니다."
"올해는 처음 눈이 내렸고, 봄이 오면 만물이 생동하여 꽃이 피고 벌 나비 찾아 들겠죠" 하고 그녀는 말을 받았다.
준은 그녀를 유심히 바라보았다. 어딘지 힘이 없어 보이지만 카랑카랑한 목소리에는 힘이 있었고 삶의 의지가 강하다고 느꼈다.

"실례지만 이름을 물어봐도 될까요? 난 김영준이라 합니다"
이름을 묻지 않을 수 없을 만큼 다정함을 느꼈던 것이다.
"유영미에요. 나이는 21세"
준은 그녀가 나이에 비해 무척 숙성하다고 느껴졌다. 그래서인지 젊음의 기운을 읽을 수 있었다.
"좋은 이름을 가졌군요. 전 24세 보시다 싶이 저 갈매기처럼 계급장이 닮은 육군 병장입니다."
준은 말을 이어가며 힘차게 나르고 있는 갈매기를

가리켰다.
그녀도 갈매기를 바라보고 아득한 수평선을 응시하다가 이제는 그만 일어나자고 했다. 그리곤 조용히 걷자고 하고선 손을 내밀었다. 준은 그녀의 손을 꼭 잡고 자리에서 일어섰다. 다정한 연인 같기도 했다.

그러나 어딘지 모르게 어색한 표정을 속일 수 없었다. 두 사람은 다정스레 손잡고 백사장에 전설의 발자국을 찍어나갔다.
"영미씨라 했죠? 난 처음 볼 때부터 영미씨를 잊을 수 없을 것 같은 다정함을 느꼈습니다"
"과분하신 말씀을~"
"아닙니다. 영미씨의 맑은 눈동자와 얼굴 표정이 아주 인상적입니다."
"… … … "
그녀는 얼굴을 붉혔다.

쌀쌀한 날씨였지만 서로 잡은 손은 따뜻하고 떨려오고 있었다.
먼 산을 바라보니 흰 눈이 희끄무레하게 보였다.
날은 이미 저물었다.

"영미씨 언제 또 만날 기회를~"
준은 주차장까지 와서 물어보았다. 이대로 헤어지기가 섭섭했던 것이다.
"인연이 있으면 다음에 또 만나지겠죠."
그녀도 아쉬운 표정이 역력했다.
"헤어지기가 어쩐지 섭섭한 것 같아서…"
라며 그녀의 표정을 살폈다 그리고 말을 이어나갔다.
"여기 부대 주소가 있는데 편지라도 해 줄 수 있겠어요?"
"네에" 하고 조용히 받아 보고는 살며시 가방에 넣었다.

그렇게 두 사람은 헤어졌다.
이렇게 두 사람은 고독에서 만났으나 서로 이해하는 사이가 되었고 남은 3달 동안 다정한 편지가 오간 게 수십 통. 일주일이 멀다 않고 서로 주고받은 편지엔 사랑의 단어가 오고 가기도 했다.
드디어 4월 7일 준은 제대를 하였고 둘은 자주 만났다.
오랜 연인 같았다. 그런데 5월 5일 준과 영미는 해운대를 찾았고 수평선이 바라보이는 동백섬 산정에서 둘은 "야호"하고 외쳐보고 "바닷가에서"의 노래를 같이 불렀다. 즐겁고 행복한 시간이었다.
준은 잡은 두 손으로 영미를 꼬옥 껴안았다. 따뜻한 온기가 전신을 파고들었다. 영미 역시 아늑한 준의 품에 안기었다.
하늘은 푸르고 바람 한 점 없는 5월의 싱싱함. 여기에 젊은 싱싱함도 있었다.
그후 준은 0회사에 입사하여 바쁜 나날을 보내게 되어 둘은 자주 만날 수 없어 일요일에만 만날 수 있었으나 지금의 행복이 영원할 수 있도록 내일의 설계를 해 나가고 있었다.

어느 날 저녁 9시쯤 일과를 마치고 회사에서 귀가하면서 네온 불빛 받으며 서면 로터리를 걷고 있었다. 그때 준은 맞은편에서 어떤 남자와 같이 다정스레 걷고 있는 낯익은 여인의 뒷모습을 보았다. 영미의 뒷모습과 같았기 때문이다 준은 길을 건너 여인의 옆에까지 가서 그녀의 옆모습을 보았다. 속으로는 영미가 아니기를 기대하였으나 기대와 달리 역시 영미였다.
준은 그날따라 마음이 어수선하여 귀갓길에 좀 걷고 싶어 걸었는데 이런 광경을 목격했던 것이다.

준은 미웠다. 영미가. 죽이고 싶도록. 그녀를 믿었던 게 바보였다고 생각했다. 그 후로는 영미를 만나지 않았다. 수차 집으로 편지가 오고, 회사로 전화가 왔으나 바쁘다는 핑계로 전화마저 받지 않았다. 준은 그날 일을 간단히 영미에게 편지를 써서 보내었다. 영미는 그날 일을 편지에 자세히 설명하였다, 사실은 영미 사촌 오빠가 오랜만에 부산에 와서 영미와 영화를 보고 나오던 중이었다고~

영미는 영준을 원망하며 영준의 회사 앞에서 영준을 기다리고 있었다. 전화도 받지 않아 준이 얄미워지기까지 하여 만나봐야겠다고 결심했기 때문이다.

이윽고 7시 30분경 회사에서 퇴근하는 준의 뒤를 따르며 준을 불렀다.

"영준씨"

"아니 어쩐 일이야?"

"준씨 꼭 얘기할게 있어요. 준씨가 오해하는 것도 이해할 수는 있어요.

그리고 저의 앞날의 일을 꼭 이야기하고 이번 일을 청산하고 싶어요. "

"오늘 모임이 있어 바쁘니까 다음에 얘기해요."

하였지만 영준은 영미가 애처로워 보이기까지 했다.
"바쁘다면 좋아요. 마지막, 마지막 만나서 얘기할 기회를 주세요. 내일 저녁 8시 정각 "앤" 다방에서~ "
하면서 돌아서는 영미의 동자에 이슬이 반짝하였다. 준은 뛰어가는 영미의 뒷모습만 물끄러미 바라보며 한숨을 쉬었다.

다음날 준은 "앤" 다방에 와서 영미를 기다리고 있었던 것이다.
이윽고 8시 정각 다방 문이 살며시 열렸다. 영미였다. 준은 자리에서 벌떡 일어났다가 다시 제자리에 앉았다. 기다릴 땐 그토록 마음 졸이며 보고 싶고 시간이 지루하기까지 했는데 막상 대하고 보니 영미가 애처롭기까지 했으나 냉대 하고픈 생각도 들었다.
영미는 영준의 맞은편 의자에 앉았다.
"준씨 오래 기다리 셨어요?"
"마지막 만나자는 건 뭣 때문이오. 간단히 얘기하시오. 빨리 돌아가야 하니까."
영준은 대답이 아니고 오히려 반격하는 태도로 되물었다.

"준씨 정말 너무하세요. 준씨는 절 오해하고 있군요. 아직까지. 전번에 편지에 자세하게 설명했는데."
"그날 저녁 그 사람은 대구 있는 제 사촌 오빠예요. 약혼식을 하고 부산에 인사차 오셨는데 언니는 범일동 큰집에 가시고 사촌 오빠와 극장에 갔다가 집에 가는 길이었어요. 어쨌든 구차한 변명은 하지 않을께요."

"용건만 말 하시오." 영준은 퉁명스럽게 내뱉었다. 스스로 생각해도 그만한 용기가 있었을까 싶도록. 허나 마음만은 약해져 가고 있었다.
"준씨 전 저는…"
"어서 말해 봐요."
"전 어쩌면 좋아요. 아마 전 준씨의~ 지난 크리스마스 때 …"
"뭐? 그러면 혹시~?"
"네 그래요 전 준씨의 후계자를 가지고 있어요."
영미의 눈빛이 어두워지면서 눈동자에 이슬이 맺혔다.
"영미씨 그럼 그게 사실이었나? 내가 오해했나?
영준은 그 이상 버틸 수 없는 감정이 울컥하고 가슴을 울렸다.

“영미! 미안해. 내가 너무했군? 용서해 줘. 그리곤 영미의 두 손을 감싸 쥐여 주었다.

“준씨! 고마워요. 전 이 순간이 영원했으면~”
드디어 영미의 두 눈에서 눈물이 주루룩 흘러내렸다.
영준도 눈시울을 적시며 말을 이었다.
“영미! 우리 이젠 절대 오해 같은 거 하지 말고 서로 믿고 신하면서 내일을 위해 살기로 해.”
영준은 영미의 손을 잡고 일어섰다.
“자~ 나가지~.”
“네에 그래요~.”
영준과 영미는 두 손을 꼭 잡고 “앤"다방을 나섰다.
그들의 뒷모습은 행복해 보였다.
어느덧 두 사람은 손을 꼬옥 쥐고 네온 불빛 받으며 서면 로터리를 돌고 있었다.
화려하게 깜박이는 네온 불빛이 두 사람을 축복해 주는 것 같았고 별빛도 반짝반짝 빛내며 이들을 축복해 주었다.

편집후기

* 『난 꼭 이런 델 오면 소나기가 그리워진다』는
내 친구 중 하나의 告言에 자꾸 同感이 간다.
소나기라도 쏟아 지거라(浩)

* oo 막걸리 생각 억제한다고 얼마나 참았는지!
Mr.S가 마친 후 한잔하자고 했으니
마음껏 회포 풀 시간이 없는 것도 아닐 것 같아
(植)

* 作品이 다분히 낭만주의 아류 같아서~
욕심같아선 좀 더 주지주의하게 있었으면(雪)

* 七泉의 앞길에
길이~
영광 있으라!(永)

七泉 - 3輯

인쇄일 : 1970년 2월 23일
발행일 : 1970년 2월 28일
편집인 : 박 우 영
발행인 : 칠천회원 일동
인쇄인 : 설 종 호

비 매 품

5부　新作 特輯(2022년)

제 1 시집: 『四季에 피는 香氣』 (2015)

봄이련가?
목련꽃 피고지고
경칩 개구리 기지개 켜는데
티없이 맑고맑은 고로쇠 마주하고
애틋한 마음전할 사람들은 어딧노

여름이련가?
라일락 아카시아 망울망울 피어나고
누런황소 밭갈며 기인하품 하는데
버얼겋게 타오르는 백일홍 마주하고
손맞잡고 노래할 사람들은 어딧노

가을이련가?
쇳물을 먹고사는 철(鐵)나라 사람들
쇳물의 최종제품 냉연에서 꽃을피워
포항시작 냉연역사 반백년이 흘러가고
광양에서 사반세기 아낌없이 불태웠네

겨울이련가?
금정산성 북문마루 휘날리는 백설가루
흰눈덮힌 청솔나무 벗삼아서 노래하고
누룩내음 향긋해진 산성탁주 마시면서
아름다운 釜山老年 冬柏활짝 피워보세

제 2 시집: 『追憶에서 피어나는 香氣』 (2018)

가로등이 졸고 있는 어스름한 불빛 아래
하늘대는 나뭇잎을 가만가만 바라보며
동심 속의 추억들을 하나둘씩 새겨보니
마음 가득 즐거웁고 엔도르핀이 솟는구나

나뭇가지 사이에서 빼꼼히 내려보며
하늘대며 춤추는 어스름한 보름달
희미하게 번져오는 달빛을 따라와서
안개처럼 스며드는 아스라한 추억들

어린 시절 그리워서 애타게 부르다가
아름다운 향기에 나도 몰래 취해버려
백합꽃 향기보다 진하고 감미로워
추억에서 피어나는 아름다운 향기

제 3 시집: 『치자꽃 香氣를 타고』(2019)

고향집
유월엔
치자꽃 곱게 피고

대문 앞
하얀꽃
향기 가득 피어올라

치자꽃
향기를 타고
고향집 찾아가네

제 4 시집: 『마지막 모과』 (2020)

메마른 가지에 움트고 싹을 틔워
푸른 옷 갈아입고 싱싱함을 자랑하며
빨간 꽃피우더니 푸르른 모과 맺네

어느덧 세월 흘러 녹색 옷도 던지고
갈색 옷 갈아입고 노란 모과 키우더니
이제는 빛바랜 잎새마저 벗는구나

향기로운 노란 모과 하나둘 사라지고
나목이 된 모과나무 싸늘한 가지 끝에
홀로 남은 모과 하나 노랗게 탐스럽네

까치밥 먹으려고 까막까치 날아와서
한번 찍고 두 번 찍어 까치밥이 아니라
토라진 까막까지 돌아앉아 까악까악

제 5 시집: 『별빛 달빛』 (2021)

반짝반짝 빛나는
별들을 바라보니
옛날의 기억들이
별빛처럼 반짝이고

높고 밝은 둥근 달을
한없이 쳐다보니
옛날의 추억들이
필름처럼 흘러가고

별빛 달빛 쏟아지는
포근한 밤에는
옛날의 그리움이
유성처럼 스쳐 가네

제 6 시집: 『쇳물의 꽃이 피었습니다』(2022)

1538도의
벌겋게
타오르는 쇳물이여

불꽃으로
피어나는
쇳물의 용틀임이여

용암처럼
용솟음쳐
튀어 솟는 쇳물이여

황금색
찬란한
쇳물의 꽃이 피었습니다.

제 7 시집: 『귀향』 [작사 30] (2023)

[1]
어린 시절 추억이 아련히 떠오르는
고향 생각 간절하여 마음을 새겨본다
텃밭에 웃음 짓는 고추 가지 풍요롭고
싱그런 오이 향기 그윽하게 퍼져 오네
밭두렁 가장자리 노란 호박꽃 미소 짓고
초가지붕 위에서는 하얀 박꽃 웃음 짓고
어머니 손맛이 담겨있는 정든 장독대
들판에는 청보리 물결이 일렁인다
가련다 가리라 고향으로 가련다

[2]
봄이면 앞산에 진달래꽃 전시회
앞뜰에는 장다리 유채꽃 싱그럽다
여름이면 뒷산 뻐꾸기 소리 정답고
팽나무 숲에서 매미 울음 들려오고

가을에는 벼가 익어가는 구수한 내음
앞마당엔 빨간 홍시 새들을 유혹한다
겨울에는 장독대 하얀 눈이 소복소복
앞산에 청송은 하얀 적삼 입는다
가련다 가리라 고향으로 가련다

[3]
맑은 물 졸졸졸 한가로운 냇물에는
가재가 숨바꼭질 다슬기는 달리기 대회
소금쟁이는 수초에서 높이뛰기 하는 곳
햇빛에 빛나는 빨간 홍시 눈이 시리다
아련한 추억이 피어나는 나의 고향땅
꿈속에서 그리던 엄마의 포근한 품속
고향을 떠나온 지 칠십 년이 흘렀으니
가련다 가리라 고향으로 가련다
정든 고향 가리라 고향에서 살리라.

사계에 피어나는 香氣(시집 6)

봄에는
꽃이 피어
벌 나비 춤을 추고

여름에는
뙤약볕에
매미 울음 시원하다

가을에는
오색단풍
국화가 향기롭고

겨울에는
흰 눈 쌓인
초가지붕 평화롭다

달빛 포근한 내 고향

삼가읍에서 양천을 따라 타박타박 십 리 길
학리에 접어들어
좌측의 소류지와 우측의 대장골을 지나
안골로 들어가다 보면 실개천에 농처럼 바위가 버티고선 두메산골 농암 마을
꿈속에서도 그리던 엄마의 포근한 품속 같은 내 고향
조용하고 평화로운 내 고향 산촌인 아늑한 농암 마을

눈이 시리도록 맑은 아침 햇살 동산에 퍼지면
아침 이슬은 영롱한 눈빛으로 반짝반짝 빛나고
소류지 물안개 모락모락 피어올라 사방으로 흩어져
농암못에 반짝반짝 윤슬이 빛나는 아름다운 내 고향 마을

풀벌레 산새 울음 정겨운 소리가 아직도 귓전
에 쟁쟁하다

텃밭에 웃음 짓는 고추 가지 풍요롭고 싱그런
오이 향기 퍼져 올제
밭두렁 가장자리에 누렁이 호박이 영글어 가고
초가지붕 위에서는 하얀 박꽃이 소박한 미소
를 머금는다
문밖 다랑이 논에 누렇게 고개 숙인 벼 이삭
의 구수한 내음이
흘린 땀방울 만 바가지 결실의 보람이 가슴에
벅차다

아담한 뒷뜰에 노란 장다리 함박웃음 짓고
맑은 물 졸졸졸 한가롭게 흘러내리는 시냇물
에는
가재가 숨바꼭질하면 다슬기는 달리기 대회하고
소금쟁이는 수초에서 높이뛰기 한단다
햇빛에 유난히 빛나는 빨간 홍시는 눈이 시
리다

동산에 밝은 달 웃으며 솟아오르고 별빛 찬란한 평화로운 마을
순진하고 마음씨 착한 농부들의 평화로운 안식처
십여 가호 이웃은 친척보다 정이 두터운 그야말로 이웃사촌
어른 아이 할 것 없이 친구요 일가친척이다
행복한 삶의 보금자리 내 고향 산촌 농암 마을

고향을 떠나온지 칠십 년이 흘렀으니
아련한 추억이 새록새록 잠드는 고향땅으로
옛 추억을 가슴에 고이 안고 새로운 추억을 새기며
정든 고향 가련다 고향에서 살련다
편안한 마음으로 조용히 달려간다 고향땅으로.

해운대 · 동백섬

토요일 방과 후엔 어김없이 찾는 곳

책가방 보물단지 옆구리에 끼고서
차장의 오라이 소리로 부르릉 하고
출발하는 버스에서 앞을 보며 외친다

어이 차비 냈나? 들리는 소리는 안 냈다
그럼 너거 차비는 너거가 내라
왁자지껄 웃음바다 어느새 해운대다

해운대 백사장 옹기종기 모여 앉아
수평선을 바라보며 청운의 꿈을 꾸고
모래알 손에 잡아 바닥에 그린다

망개떡 어깨 메고 망개떡 사아려어~
망개떡장수 아저씨의 소리가 들리면
한 묶음 사서는 하나씩 맛보던 시절

동백섬 항상 찾는 병풍쳐진 갯바위
오늘은 누구가 선점 했나 살펴보아
없으면 다행이고 있으면 동석했지

반세기가 지난 오늘 동백섬 둘레길에
수평선 바라보다 갯바위를 찾으니
우리의 갯바위를 인어상이 지키구나.

청산에 오르니

그리고 그립던 옛 동산에 올라서
솔뿌리 베개 삼고 솔잎을 지붕 삼아
낙락장송 품에 안겨 옛 향기 그리노니

시원한 골바람 얼굴을 스쳐오고
계곡에는 맑은 물 졸졸졸 흘러가니
이내 마음 후련하고 행복에 겨운다

초가집 토담 굴뚝 하얀 연기 피어나고
들판에는 청보리 물결이 일렁이니
평화 가득 넘친다 청산에 오르니.

무궁화 삼천리

點 點 點 점이 모여
아름다운 산이요

線 線 線 선이 흘러
비단 같은 강이로다

강과 산이 어우러져
화려한 금수강산

우리나라 대한민국
무궁화 삼천리강산.

七泉 값 15,000원

2022년 3월 21일 인쇄
2022년 3월 25일 발행

공 저 : 박우영·설종호
박순식
발행인 : 박 중 열
발행처 : 다솜출판사
인쇄처 : 효성문화사

등록번호 : 1994년 4월 22일 제325-2001-000001호
부산광역시 중구 대청로 135번길 10-1
TEL : (051)462-7207/8 FAX : (051)465-0646

ISBN 978-89-5562-709-1 03810